歴史文化ライブラリー

243

上野寛永寺
将軍家の葬儀

浦井正明

吉川弘文館

目　次

将軍御成

将軍と輪王寺宮の葬儀

芸術の杜——プロローグ

1　芸術の杜

軒を連ねる文化施設

「今、上野といったら、どんなことを想い浮べますか?」こう聞かれたら、あなたはどう答えるだろうか。なかには「新幹線」とか「動物園」と答える人もあるに違いない。しかし、おそらく大多数の人びとは「博物館」や「美術館」を想い浮べるのではないだろうか。

東京国立博物館、国立科学博物館、都立美術館、国立西洋美術館、上野の森美術館、黒田記念館、東京芸術大学大学美術館、下町風俗資料館、東京文化会館、芸術院会館、水上音楽堂、奏楽堂《そうがくどう》……

実際こう列挙してみると、なんと多くの芸術関係の施設がこの上野の杜《もり》に集中していることかとあらためて驚いてしまう。

いや、それだけではない。この上野には、東京国立文化財研究所、日本学士院、社会教育実践研究センター、国際子ども図書館、東京芸術大学など、これまたかなりの数の学術関係の施設も存在しているのである。

さらに見方を変えてみると、この上野は近世以降の建築史を考える上でも大変な宝庫であることがわかる。

建築史の博物館

今、代表的なものを挙げれば、江戸初期の建造物である寛永寺《かんえいじ》旧本坊表門、清水観音堂《きよみずかんのんどう》、五重塔、東照宮、中期の徳川家綱《いえつな》・綱吉《つなよし》両将軍霊廟《れいびょう》の水盤舎《すいばんしゃ》や勅願門《ちょくがんもん》、後期の旧因州池田屋敷門など。明治に入って、東京芸術大学（芸大）の赤レンガ、旧東京音楽学校奏楽堂、東京国立博物館 表慶館《ひょうけいかん》、国際子ども図書館。大正期の東京府美術館（一九七五年解体された）。昭和では戦前の黒田記念館と芸大大学陳列館（東京府美術館とともに、岡田信一郎の無窓建築の三部作として名高い）、正木記念館、東京国立博物館本館、京成電鉄博物館動物園駅（二〇〇四年に閉鎖）、JR上野駅、国立科学博物館、戦後の芸術院会館、国立西洋美術館、東京文化会館、国立博物館東洋館、同平成館、同法隆寺宝物館、芸大大学美術館などということになるだろうか。その他にも東博の中には応挙館、九条館、春草廬、六窓庵、転合庵、旧十輪院宝蔵など移築されてきた建物も多い。これに東上野、谷中《やなか》、根岸など周辺地の長屋風住居や商家を含めて考えてみると、この上野の地はまさに生きた建築歴史博物館ともいえるわけである。

このように、現在の上野は、その豊かな歴史と自然を背景に、まさに芸術と学術の杜と呼ぶにふさわしい場所となっているのである。

上野の今昔

江戸から明治へ

上野には不思議なほど江戸から現代までが混然一体となって並存している。そして、そうしたことの基礎に、めぐまれた自然と寛永寺の存在があることはいうまでもない。今、上野を語る上で忘れることのできない「花見」もまた江戸の昔からのゆかしい風俗の一つなのである。

上野の花見

今日では上野の花見は、昼間は家族連れで、夜間は酒宴と、昼夜の別なく行われているが、実は江戸時代の上野には「夜桜見物」というものはなかったのである。当時の寛永寺においては、明六《あけ》ツ（午前六時ごろ）から暮六《くれ》ツ（午後六時ごろ）までが開門の時間であった。東叡山八門と呼ばれた山内《さんない》に入る八ツの門のなかで、現在の五条天神脇の穴稲荷門《あないなりもん》だけはいつも閉ざされていたが、その他の七ツの門は、いずれも日の出とともに開けられ、日没とともに閉められたのである。したがって、暮六ツともなると、時の鐘の音《ね》とともに、山内にいた人びとは山同心《やまどうしん》と呼ばれる寛永寺お抱えのガードマンによって退去を余儀《よぎ》なくさせられたのである。江戸の市民がこのことをいかに残念に思っていたかは、「千金《せんきん》の時分追出す花の山」という古川柳がなによりも雄弁に物語っている。

花見のはじまり

この上野の山の桜は、寛永寺の開山《かいさん》の天海僧正《てんかいそうじょう》が自らの好みによって植栽したことにはじまる。その後、天海の門流の人びとによって少しずつ増植されていったが、もう一人、儒者の林羅山《はやしらざん》の力によるところも大きい。羅山は寛永七年（一六三〇）に現在の清水堂から西郷隆盛《さいごうたかもり》銅像の一帯を屋敷地として幕府から拝領するや、その屋敷地を桜で埋めるために百に余る桜樹を植栽したという。羅山が自らの塾を「桜峰塾《おうほうじゆく》」と名付けたことも、こうしたことと無関係ではないのである。

しかも、後に彼が湯島台からの眺望をまとめた『湯島十景』という漢詩集の一つに、自ら「東叡山桜《とうえいざんのさくら》」を加えていることをみると、寛永の後期にはすでに上野の山の桜が観賞にたえるものになっていたことがわかる。そして、このことは、寛永十六年（一六三九）三月二十日の上野東照社一帯の火災の原因として、「上野へ花見に参《まいり》候ものいだし候やらん」（『老人覚書』）と世間で噂《うわさ》していたという事実によっても裏付けられるだろう。

寛文ごろの花見

さて、寛文ごろになると、上野の花見は庶民はもとより、時の将軍家《いえ》綱《つな》の関心をもあつめるようになってくる。『元延実録《げんえんじつろく》』によれば、寛文八年（一六六八）三月六日に、「上野の花、盛《さかり》なり」と前置きして、家綱が「例年は花見、東叡山に群集して繁昌」しているが、今年はどうだろうかといって、大久保出羽守を上野へ見に行かせたという。今、『武江年表《ぶこうねんぴょう》』を見ると、二月一日に牛込《うしごめ》の酒井邸から出火して、二日間にわたって江戸市中を焼いた大火があり、中一日おいて四日、さらに六日と文字通りたてつづけに江戸市中が火災に見舞われている。このため、家綱は市民の士気が損われたのではないかと心配し、出羽守を上野に差し向けたのである。

結果は、「貴賤《きせん》男女群集して、内幕外幕を打ならべて酒宴し、諷《うた》ひ舞《まう》もの有《あり》、或は幕なき者は席を設け、琴三絃《ことさんげん》にて諷《うた》ひさざめきし」といった大賑《おおにぎ》わいの状態で、家綱もこれを聞いて安心したという。これによれば、当時は鳴《な》り物《もの》はもちろん、酒の類も認められていたことがわかる。このころの上野の桜の様子は、浅井了意《あさいりょうい》の『江戸名所記』（寛文二年〈一六六二〉刊）や菱川師宣《ひしかわもろのぶ》の絵で知られる『江戸雀《すずめ》』（延宝五年〈一六七七〉刊カ）のなかの「上野花見行記」、『東叡山名所』（天和二年〈一六八二〉刊）の黒門口の絵、『古郷帰江《こきょうがえり》戸咄《ばなし》』（貞享四年〈一六八七〉刊）などによってもうかがえるが、特に戸田茂睡《もすい》の『紫の一《ひと》本《もと》』（天和二年刊）によれば、張りめぐらされた幕の数は多いときには三〇〇をこえ、そのほかにも小袖《こそで》や男物の羽織なども幕代わりに使っていたという。ただ、同書には「鳴物《なりもの》は御法度《ごはっと》にて鳴さず」とあるから、寛文からわずか十数年のうちに規制が厳しくなった様子がうかがえる。

元禄以降の花見

やがて元禄期（一六八八〜一七〇三）に入ると、上野は名実ともに江戸随一の桜の名所となった。これ以降のことについては、『江戸砂子《すなご》温故名跡誌』（享保十七年〈一七三二〉刊）や『江戸名所図会《ずえ》』（天保七年〈一八三六〉刊）などをはじめ、ほとんどすべての地誌類に紹介されているので、ご存知の方も多いと思う。特に『江戸名所花暦《はなごよみ》』（天保八年刊）の「春之部」には、わざわざ「東叡山桜」という一項をとって、図入りで細かく紹介されている。

したがって、元禄以降の上野の花見については、当然のことながら、長唄《ながうた》の『元禄花見踊』の文句をはじめ、松尾芭蕉《まつおばしょう》、宝井其角《たからいきかく》、服部嵐雪《はっとりらんせつ》、服部南郭《なんかく》、荻生徂徠《おぎゅうそらい》、賀茂真淵《かものまぶち》といった俳人や学者の句や漢詩などにも多く残されるようになっていったのである。なお、元禄十一年（一六九八）からは、現在の清水観音堂附近（桜ヶ岡、山王台などという）でも江戸市民の花見が許されるようになった。しかも、この辺りは寛永寺山内でも随一の眺望に望まれていたため、このことも手伝って、上野の花見はますます盛んになっていった。

こうして、上野の山は、春の桜を中心に、夏の蓮《はす》（不忍池《しのばずのいけ》）や納涼、秋の紅葉《もみじ》（錦小路他）や月見、冬の雪景色や寒椿《かんつばき》（下寺通り）と、四時《しじ》それぞれの風物に彩られ、文字通り江戸随一の行楽地として栄えていったのである。

秋色桜

ところで、上野の桜といえば、すぐに思い出すのが、「井戸はたの桜あぶなし酒の酔」の一句で知られる秋色桜《しゅうしきざくら》であろう。この話は、『還魂紙料《すきかえし》』をはじめ、『江戸砂子《じんこう》』や『江戸名所図会』など多くの地誌類にも紹介されて、江戸時代中期より広く人口に膾炙《かいしゃ》していた。ただ、事実を考証するという点からいえば、現在清水観音堂の裏手にある秋色桜と井戸は、明らかにこの地に移されてきたものと考えられよう。というのは、もし宝井其角の門人である菊后亭《きくごてい》秋色が本当にこの句をよんだとすれば、話の内容から見て、その時期は清水堂がまだ摺鉢山《すりばちやま》の上に在った元禄七年（一六九四）以前のことと考えるのが妥当だからである（詳細は略すが、他に秋色の年齢が誤っているのではないかという説もある。しかし、私はこの説はとらない）。

とすれば、この桜と井戸は、どうしても元禄七年の清水堂の現在地への移築にともなって移されてきたということになる。なぜならば、前にもふれたように、寛永七年以降この年まで、この桜ケ岡の地は林大学頭《だいがくのかみ》の役宅（孔子廟を兼ねて元禄四年まで）と、寛永寺山内の子院《しいん》・寿昌院《じゅしょういん》（元禄四～七年）の境内地《けいだいち》であって、いずれも一般の人びとが普段立入ることのできない場所だったからである。

彰義隊士の墓

さて、この秋色桜のすぐ傍には彰義隊士《しょうぎたいし》の墓（正確には供養塔）があるが、実は現在の墓はなんと三代目の墓なのである。慶応四年（一八六八）五月十五日のいわゆる上野の戦争《いくさ》が終わった後、黒門口《くろもんぐち》とともに最大の激戦地（筆者はこの説を疑問に思っている）といわれたこの山王台の地に穴を掘って、山内に放置されていた彰義隊士の遺体を最初に火葬し、供養したのは、三河屋幸三郎と三輪円通寺《みのわえんつうじ》の仏磨《ぶつま》和尚であった。読者はここになぜ寛永寺の僧たちの名が出てこないのかと不思議に思われるかもしれないが、この当時、寛永寺一山の関係者は、僧侶だけではなく、目代《もくだい》の田村権右《ごんう》衛門《えもん》や時の鐘を撞《つ》く下役《したやく》の者にいたるまで、すべて山内処払《ところばら》い（追放）の処分を受けていて、翌明治二年（一八六九）の二月二十六日までこの上野には一歩も足踏みできなかったのである。

このため、翌春寛永寺に帰山を許された寒松院の住職多田孝泉《ただこうせん》と護国院の住職清水谷慶順《しみずだにけいじゅん》の二人は、密かに小さな彰義隊士の墓を刻ませて山王台の火葬の地にこれを埋めて供養したのである。しかも、当時朝敵である彰義隊士を表立って弔《とむら》うことは禁止されていたので、この小さな墓碑には、二人の僧の寺の名・寒松院と護国院からそれぞれ一字ずつを採って、「沙門松国《しゃもんしょうこく》」と匿名《とくめい》で建立者《こんりゅうしゃ》の名を刻んでいる。いわばこれが初代の彰義隊士の墓なのである。

ついで明治七年（一八七四）、上野の戦争の生き残りの隊士で、当時天王寺詰（谷中）の組頭であった興郷《おきさと》・小川椙《すぎ》太《た》らの発議で、広く浄財《じょうざい》が勧募され、この山王台の地に青銅製の立派な宝塔型の墓が造立《ぞうりゅう》された。しかし、残念なことに、この二代目の墓は、勧募の方が円滑に行われなかったため、結局は借財のかたとして解体没収されてしまったので

図１　三代歌川広重　東京名所図会上野清水堂戊辰の口碑

である。おそらく、当時の人びとは明治政府をはばかって、積極的な援助をしなかったのであろう。したがって、今日ではこの二代墓は三代歌川広重《ひろしげ》の画などにわずかにその姿をとどめているにすぎない（図1）。

こうして、明治十四年（一八八一）、ようやく三代目にあたる現在の墓が建立され、その前にはかつて地中に埋められていた初代の墓が安置された。これが現在の彰義隊士の墓の姿というわけである。

ところで、明治政府は彰義隊とこれに組した人びとを朝敵と見なし、上野の戦争の直後から、これらに関する報道を厳しく規制した。

では、明治政府はいったいいつごろこの報道管制を解いたのかという問題だが、その時期はまず二代墓の造立が許可された明治七年と考えていいだろう。

彰義隊に関する報道は、まず戦争直後の号外ともいうべき「瓦版《かわらばん》」や『横浜新報もしほ草』・『中外新聞』などの記事に始まるといっていい。しかし、こうした速報を別にすれば、明治元年の暮から翌二年の正月にかけて出版された数点の錦絵《にしきえ》が報道規制の下で出された最古の報道史料ではないかと思う。そして、そのほとんどは、作者も版元《はんもと》も匿名であり、そのうえ題簽《だいせん》も「春永本能寺合戦」とか「石山本願寺合戦」などという仮題を用いている。しかし、その画面は、当時の人びとだけではなく、今日われわれが見ても、上野

の戦争を扱ったものであることは一目瞭然なのである。いわば、そうすることが、作者や版元が、明治政府の規制の網の目をくぐって、世間の要望にこたえる報道をするための最良の方法だったわけである。

やがて、明治も七年になると、原田道義の『山鵑《さんけん》一声』、ついで高畠藍泉《らんせん》の『東台戦記』などが、明治政府の官許の下に、あいついで刊行されるようになった。もちろん、これらの書物には多くの伏字や明らかな削除の痕がうかがえるが、それにしても、このように彰義隊のことを正面から扱ったものが出版を許されたという意味で、この明治七年という年は注目すべき年だといっていい。そして、小川椙太らの願い出によって、今はなき二代墓の造立が許可されたのも、ちょうどこの年のことだったのである（この年、明治政府は彰義隊士らの親族、朋友による祭祀を初めて許可した）。やがて、これを機に明治政府はその報道規制をじょじょに緩めていくのである。ただ、そうはいっても、旧幕

図2　永島芳虎　東台大戦争図（明治元戊辰五月十五日）

府側の気兼ねがこの段階で一掃されたわけではない。明治十四年に建てられた三代墓の表面の山岡鉄舟《やまおかてっしゅう》の筆になる文字が、ただ「戦死之墓」とのみ書かれ、そこに「彰義隊」の文字がまったく見られないことは、なによりもこのことをよく物語っているといえよう。

西郷隆盛の銅像

ところで、彰義隊士の墓といえば、そのすぐ前方には高村光雲《たかむらこううん》の作になる西郷隆盛の銅像がある。着流しに犬を連れたこの銅像は、今さら説明の必要もないほど有名だが、最初この銅像の建設が計画されたときの建設予定地が皇居前であったことを知る人は意外に少ないのではないだろうか。本書の内容からは若干はずれるかもしれないが、隠れた事実として、あえてここでその経緯《いきさつ》を説明しておきたいと思う。

当の西郷像の台座にはめこまれた銅板の銘文にもある通り、一般には、この西郷像建設の議は、明治二十六年（一八九三）の三月十五日に立案届出され、同月二十二日には時の東京府知事富田鉄之助《とみたてつのすけ》の決裁と添書とともに宮内大臣の土方久元《ひじかたひさもと》の下に提出されたことになっている。そして、この願書は早くも翌四月の十一日には大臣、次官以下関係者の正式決裁をえて、この上野公園の山王台の地に建設することが許可されているのである。

しかし、常識的に考えて、出願してからわずか一ヵ月たらずの短期間で、これだけのことが大臣決裁の段階にまで至るものだろうか。

たまたま筆者が入手した「上野公園内関係記録写」（帝室博物館旧蔵）という史料によると、最初の出願はなんとこれよりも二年半以上も前の明治二十三年の八月八日付だったことがわかる。また、この史料によると、このときの建設予定地はなんと「宮城正門外」だったのである。しかも、この出願は翌明治二十四年の九月十四日付をもって、いったん正式に許可された。にもかかわらず、この認許は、それからまた一年以上もたった翌二十五年の十二月八日になって、突然取り消されてしまったのである。そのとき、宮内大臣から東京府知事に宛てて出された通達には、「右ハ詮議《せんぎ》ノ次第《しだい》有之《これあり》取消候条出願人ニ相達スヘ《（べ）》シ」とあるが、肝心の「詮議ノ次第」の内容についてはなんの説明も附されていない。これには発起人（出願人）代表の樺山資紀《かばやますけのり》や九鬼隆一《くきりゅういち》らも困惑したに違いない。ただ、幸いなことに、このときの通達書には「但《ただし》上野公園地内ニ建設ノ望《のぞみ》有之《これあり》候得《え》ハ《（ば）》博物館長ニ協議ノ上場所撰定更ニ出願致サスヘ《（べ）》シ」との「但シ書《がき》」が附けられていた。

したがって、前に紹介した明治二十六年三月の出願は、実はこうした経緯を踏まえての再出願だったわけである。博物館長はもとより、東京府知事や宮内大臣らの事務処理が極端なまでにスムーズに行われたことの背景には、こうした事情があったのである。

では、宮内大臣通達のなかの「詮議ノ次第」とは一体なんだろうか。明治維新随一の功労者で、文字通りの元勲であった西郷は、明治十年になって「西南《せいなん》の役《えき》」をおこし、その結果、一転して朝敵の汚名をうけることになった。ここにいう「詮議ノ次第」とは、まさにこの点を指しているのである。

今、明治二十六年三月十五日付の再出願書のなかから、この点に関する部分を抜き書きしてみると、

故贈正三位西郷隆盛紀念銅像建設之《の》義、先般宮城正門外広場之《の》中御許可相成居候《あいなりおり》処、御都合《ごつごう》有之、今般御取消相成候（傍線筆者）

と、ひどく暈《ぼか》したいい方をしている。

しかし、同年四月十一日に大臣決裁を得た最終案によれば、

右《みぎ》取調候処、故西郷隆盛儀ハ嘗《かつ》テ中興ノ元勲、国家ノ柱石《ちゅうせき》トシテ内外ノ許ス所ニ有之、不幸末路大筋ヲ誤リ、一旦賊名ヲ負《お》ヒ候共、天恩隆渥《てんおんりゅうあく》、幾《いく》ばく《ばく》モナク朝廷其罪ヲ赦《ゆる》シ、尋《つ》イテ又贈位ノ御沙汰モ被為在《ありなされ》云々

と述べられていて、「宮城正門外」の位置を取消された理由が「一旦賊名ヲ負」ったことにあったことがうかがえるのである。

なお、この西郷像建設問題に関しては、㈠『読売新聞』などの日刊紙を通じての一般大衆への募金運動、㈡発起人のメンバー、㈢銅像落慶式当日の参列者とその挨拶の内容など、ほかにも興味深い点が多々あるが、ここでは割愛することとする。

一四〇年前の上野

説明しにくい寛永寺

寛永寺という寺は、一般の寺院と違って、その成り立ちにしても堂塔《どうとう》伽藍《がらん》の位置にしても、大変複雑で説明のしにくい寺である。というのは、堂塔伽藍が長期間にわたって建てつづけられた上に、焼失による再建や建物の移築といった例も大変多いからである。

たとえば、上野の戦争で有名な黒門《くろもん》（三輪の円通寺に現存）は、寛永初年に建てられた初代の黒門から数えて実に五代目の黒門なのである。しかも、さらにややこしいことに、この黒門は建てなおされるたびにその位置も少しずつ変えられていることが多いのである。

そこで、こうした寛永寺の成り立ちや寺域、寺領などの具体的な変遷については項をあらためて概観することにして、ここでは前に述べた彰義隊や西郷が上野にかかわりをもったところの上野の山の様子に絞って簡単に紹介しておこう。

寺域三〇万一八七〇坪余、主要な堂塔伽藍三二〜三五、子院三六坊、寺領一万一七九〇石、このデータは従来の諸書のなかから、寛永寺の規模を比較的正確に伝えていると思われる部分を選んで抜き書きしてみたものである。

ただ、大摑みにいえば、この規模は宝永六年（一七〇九）の五代将軍綱吉《つなよし》の死以降、その大筋においては変化しなかったと考えていいだろう。いいかえれば、一四〇年前の上野の姿は、すでにそれよりも一六〇年ほども前にほぼ完成していたともいえる。したがって、江戸期の寛永寺（寛永二年〈一六二五〉〜慶応四年〈一八六八〉）は、はじめの一〇〇年たらずの間に大きな変化をみせ、後の一五〇年余は比較的安定していたと考えていいのである。

ところで、前に挙げた諸書の記載のなかで、寺域、寺領、子院数などについてはほとんど問題がない。しかし、主要な堂塔伽藍三二〜三五という記載はどうであろうか。

主要な建物の数え方

今、試みに幕末期の図によって主要な堂塔伽藍を数えてみると、いわゆる子院三六坊を除いても、優に八〇をこえてしまうのである。この場合、しいて数を三〇前後に合わせるためには、東照宮を含めて、徳川家の霊廟《れいびょう》関係の建物群をすべて除外して考えるしか方法はないだろう。

というのは、四代家綱《いえつな》、五代綱吉《つなよし》の両将軍の霊廟建築を数えるとすると、①二天門《にてんもん》からはじまって、②勅額門《ちよくがくもん》、③水盤舎《すいばんしや》、④鐘楼《しようろう》、⑤中門《ちゆうもん》、⑥透塀《すかしべい》、⑦拝殿《はいでん》、⑧相之間《あいのま》、⑨本殿《ほんでん》、⑩仕切門《しきりもん》、⑪奥社唐門《おくしやからもん》、⑫同拝殿、⑬同鋳抜門《いぬきもん》（中門）、⑭宝塔、⑮供華所《くげしよ》と、どうみてもそれぞれ一五ずつの建物を擁しているわけである。したがって、これらを除外して考えなければ、この二霊廟だけで、すでに三〇もの建造物が存在することになり、とても三〇ほどという数のなかでは納まるはずがないのである。そして、この点は、その規模こそ違え、ある程度まで東照宮、最樹院《さいじゆいん》（十一代将軍家斉《いえなり》の父一橋治済《ひとつばしはるさだ》）、浄光院《じようこういん》（綱吉の室）をはじめとする歴代将軍の正室や生母などのもの、田安《たやす》、一橋、清水《しみず》のいわゆる御《ご》三卿《さんきよう》のものなどにも共通していることなのである。とすれば、これら徳川霊廟関係を除外しなければならないことはいうまでもなかろう。

江戸時代と現在の上野

一応、こうした点を念頭に置いて、図3に掲げる新旧対照図をご覧いただきたい。本図（『上野浅草歴史散歩』〈台東区〉所収）の一方は現在の上野公園とその周辺図であり、もう一方はこの現在図をもとに線引きしたものの上に一四〇年前の寛永寺の伽藍《がらん》を配置してみたものである。もちろん、道筋や鉄道の開設による崖地の削除など、大きく変わった面がないではないが、それでもこの両図を対照すれば幕末の寛永寺の姿が朧《おぼろ》気《げ》ながらもご理解いただけるのではないだろうか。

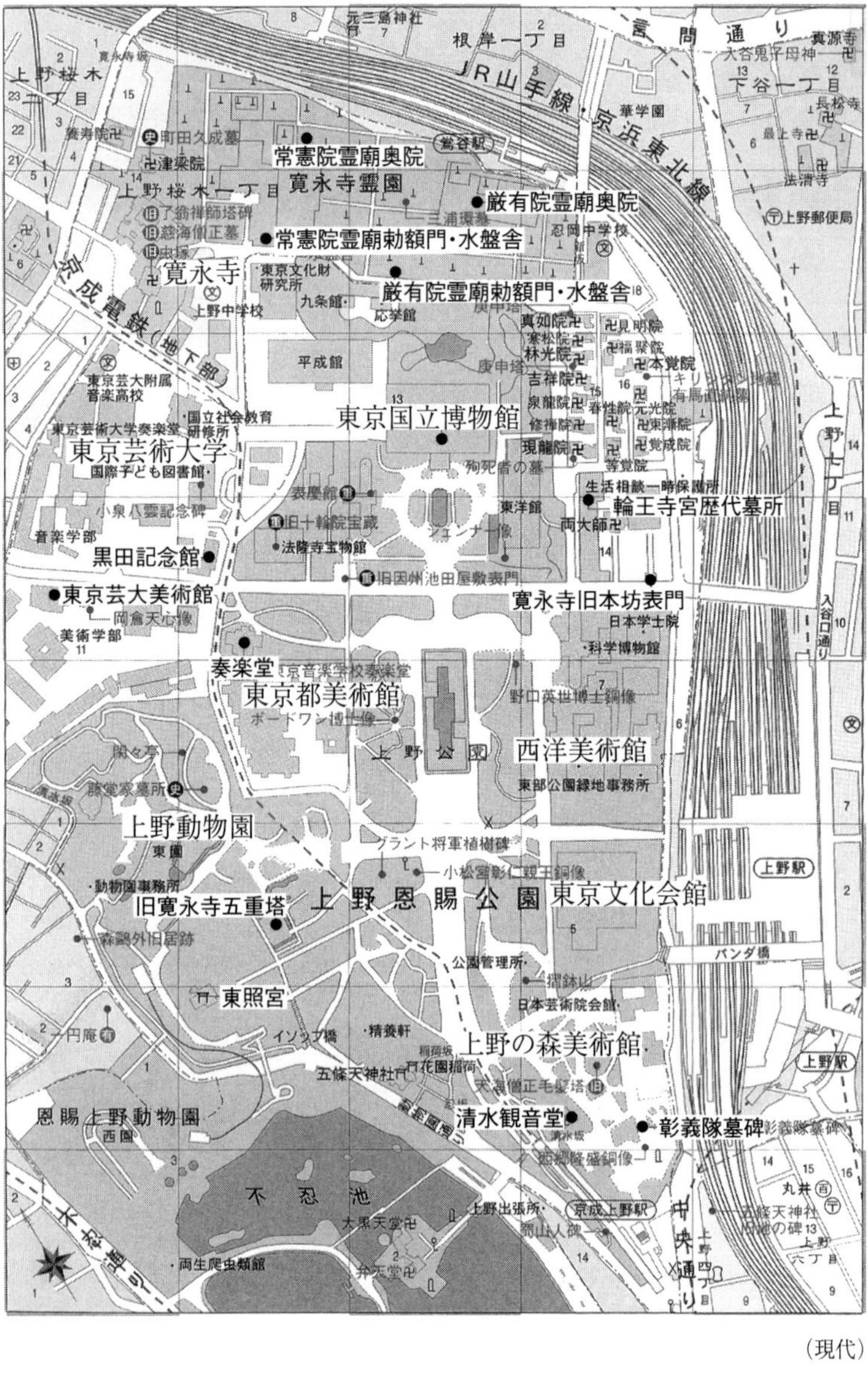
常憲院霊廟奥院
寛永寺霊園
厳有院霊廟奥院
常憲院霊廟勅額門・水盤舎
寛永寺
厳有院霊廟勅額門・水盤舎
東京国立博物館
東京芸術大学
輪王寺宮歴代墓所
黒田記念館
東京芸大美術館
寛永寺旧本坊表門
奏楽堂
東京都美術館
西洋美術館
上野動物園
旧寛永寺五重塔
上野恩賜公園
東京文化会館
東照宮
上野の森美術館
清水観音堂
彰義隊墓碑
恩賜上野動物園
不忍池
言問通り
JR山手線・京浜東北線
京成電鉄(地下部)
上野公園
上野駅
京成上野駅
中央通り
不忍通り
(現代)

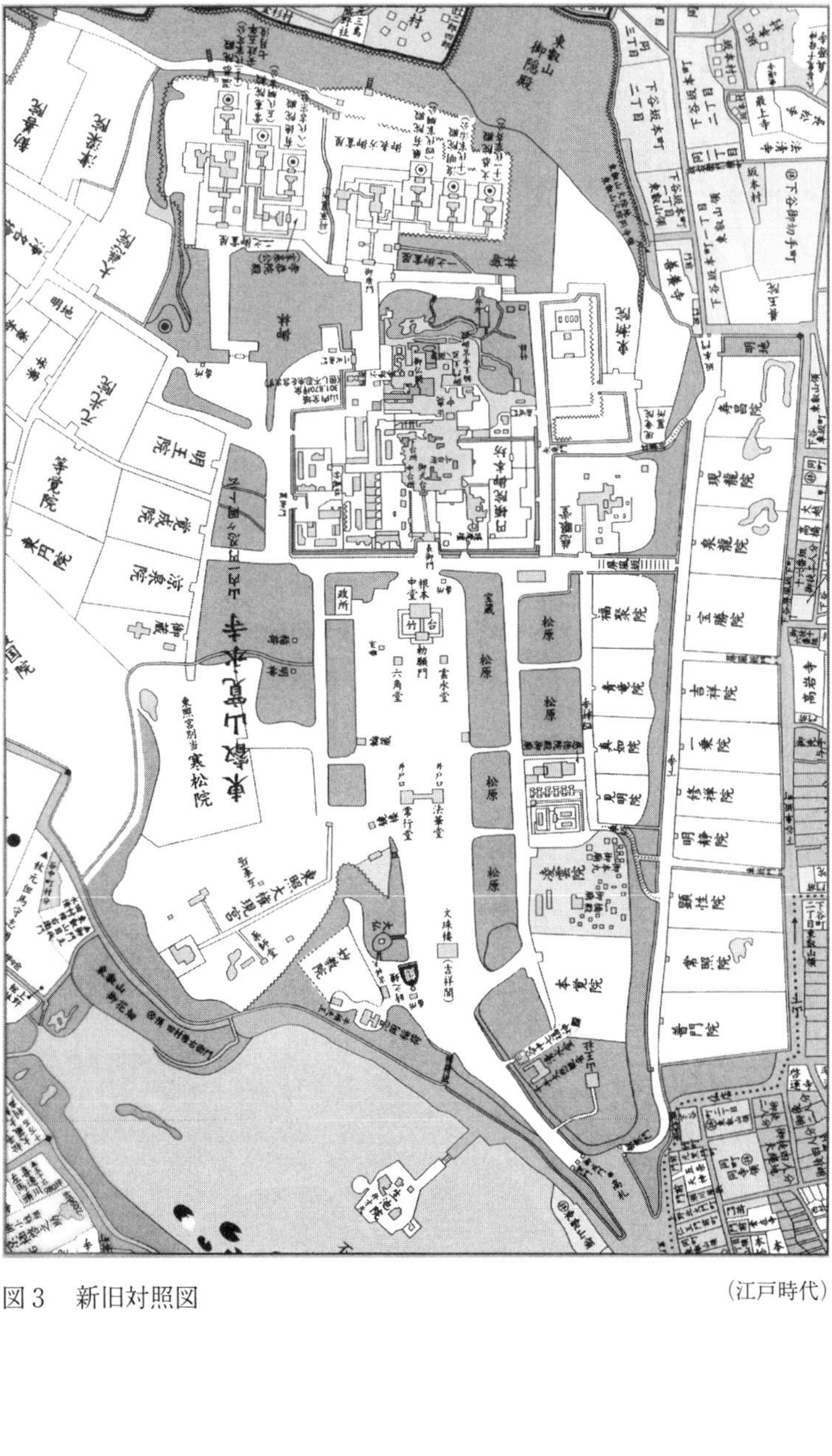

図３　新旧対照図　（江戸時代）

今、両図をご覧いただくための簡単な目安を箇条書きにしてみると次の通りである。

一、三橋《みはし》はＡＢＡＢの前　一、黒門は清水堂のある台地の西南角の下　一、吉祥《きつしよう》閣《かく》（文殊楼《もんじゆろう》、山門）は時の鐘手前の広場のやや大噴水より　一、法華堂、常行堂《じようぎようどう》（荷《に》負堂《ない》）は動物園正門前の広場　一、根本中堂《こんぽんちゆうどう》がほぼ大噴水の所　一、本坊（輪王寺宮《りんのうじのみや》の住居）は東京国立博物館の左手を少し削った場所　一、東照宮は現在地　一、凌《りよう》雲院《うんいん》は文化会館と西洋美術館　一、下寺通りの右側半分くらいが上野駅　一、妙教《みようきよう》院《いん》が精養軒　一、明王院《みようおういん》が国際子ども図書館と社会教育実践研究センター　一、大《だい》慈院《じいん》が現寛永寺　一、壱之霊屋《たまや》の裏手が鶯谷《うぐいすだに》駅　一、護国院《ごこくいん》は上野動物園の一部と上野高校を含む現在地　一、浄名院《じようみよういん》裏の将軍夫人たちの墓所は谷中《やなか》墓地の一部で、この先が護国山天王寺《てんのうじ》（旧長耀山感応寺《ちようようさんかんのうじ》）。

したがって、きわめて大雑把にいえば、江戸末の寛永寺は、南は現在広小路と不忍通りが交差するＡＢＡＢ（旧常楽院《じようらくいん》）前の忍川《しのぶがわ》に架けられていた三橋からはじまって、東は上野駅をへて、ほぼ昭和通り附近まで、北はＪＲの線路を越えて現在の言問通《ことといどお》り附近まで（ただし、日暮里《につぽり》駅手前の芋坂《いもざか》近くに在った御隠殿《ごいんでん》を含む）、西は谷中墓地の中央で天王寺と境を接するという壮大な寺域を有していたといったらいいだろうか。

不忍池

　ところで、以上の説明のなかに不忍池《しのばずのいけ》や弁才天《べんざいてん》のことがないのを不思議に思われる方があるかもしれないので少し補足しておきたい。

江戸時代の不忍池六万坪（含弁天堂、観音堂、護摩堂、聖天《しょうてん》）は寛永寺の放生池《ほうじょういけ》ではあったが、正確にいえば、寛永寺の境内地《けいだい》ではなかったのである。もちろん、住職の任命その他一切については当然寛永寺がその全権を握ってはいたが、寺としては天竜山妙音寺生池院《しょうちいん》と称するまったく別の寺だったのである。一部の書に、寛永寺の境内を三六万坪余りとしているのは、誤ってこの不忍池六万坪を加算しているからである。不忍の弁才天が寛永寺のなかに組み入れられたのは実は明治維新後のことだったのである。

寛永寺の成立

東叡山寛永寺の創建

江戸の祈願寺浅草寺

天正十八年（一五九〇）の八月一日に、家康が江戸にその第一歩をしるしたことはよく知られた事実であるが、実は家康はこの日を迎える前に、すでに江戸における祈願寺《きがんじ》（祈禱寺《きとうじ》）を定めていたという記録がある。

すなわち、『落穂集《おちぼしゅう》』（巻之二）によれば、

> 権現様（家康）小田原表へ御着陣遊ばされ候《そうろう》以後、江戸表に於て御祈願所にも遊ばさるべき様なる天台宗の寺一ヶ寺と御菩提寺《ごぼだいじ》にも成るべき浄土宗の寺一ヶ寺見立候様との御吟《ごぎん》味《み》仰出され候節……御祈禱所の義は、浅草観音堂《あさくさかんのんどう》の外に然《しか》るべき天台宗の寺と申候は御座なき由御聞に達し、然らばとこれあり……（一部書下し筆者）

というわけで、増上寺《ぞうじょうじ》の方丈《ほうじょう》（存応《そんのう》）と浅草寺《せんそうじ》の別当観音院《べっとうかんのんいん》（忠豪《ちゅうごう》）とを小田原の陣中

に呼んで、この両寺を菩提寺と祈禱寺と定め、この年（天正十八年）の四月付で、それぞれに禁制《きんぜい》の書付を下したというのである。この話は『東照宮御実紀附録』（巻六）にも載っているが、その原典は明らかにこの『落穂集』であり、そのためか、実紀の記載の方が内容的に見てもやや簡略になっている。

さて、そこでこの『落穂集』の記事を全面的に信用していいかということになると、これには若干の疑問がないわけではない。たとえば、後にもふれるように、家康が増上寺を菩提寺と定めたという点については、ほかにも『啓運録《けいうんろく》』や『事跡合考《じせきごうこう》』などにも見られるように二、三の異説が存在する。しかし、浅草寺については、現在のところ、ほかにより正確だと思われる史料がなく、その上この『落穂集』の記事通り、当時の江戸にこの浅草寺を凌駕するような天台宗の寺院が存在したとは考えがたい。そして、このことは江戸における最初の東照社が江戸城中とともに、この浅草寺において営まれたという事実によっても裏付けられるだろう。こうして、浅草寺は江戸における幕府の最初の祈禱寺となったのである。

なお、網野宥俊師が『浅草寺史談抄』に「一説に」として紹介しているように、このとき家康に浅草寺を推挙したのは天海《てんかい》であるとの説がある。しかし、天海が家康と出会ったのは、どんなにさかのぼってもこの天正十八年が上限で、それ以前のこととは考えがたい。

今、筆者は諸般の事情から家康と天海との初めての出会いを慶長期（一五九六〜一六一四）に入ってからのことと考えており、その意味で、この時の祈禱寺決定には天海はかかわっていなかったと思っている。

寛永寺の創建

いわゆる下話しの段階を別とすれば、寛永寺という寺を正式に建立しようという話は、元和二年（一六一六）の四月に家康が死んでから六年余もたった元和八年になってはじめて具体化したといっていい。すなわち、この年の十二月、秀忠《ひでただ》は上野の台地の一部を寺地として天海に寄進し、ついで翌九年には白銀五万両とともに品川の御殿山《ごてんやま》にあった別殿をそっくり天海に与えたのである。この別殿は高輪御殿《たかなわごてん》と呼ばれ、かつて家康が駿府《すんぷ》と江戸との間を往復していたときに、秀忠自身がこの地まで送迎に出向くために使われていた御殿であった。

さて、秀忠の意向は同じ元和九年の七月に三代将軍の座についた家光《いえみつ》にも忠実に受け継がれた。いわば寛永寺という寺は、秀忠・家光のこうした外護のもとに、寛永二年（一六二五）の十一月に発足した寺なのである。

もっとも、寛永寺の創建年次をいつにおくかという点については異説がないわけではない。まず、寛永寺という寺がいつ具体的な工事にかかったのかという点からいえば、寛永元年説が正しいということになるだろう。また、諸堂宇が一応の体裁をととのえた時期という点からすれば、寛永五年ないしは八年ごろという見方も成り立つだろう。さらに、本来寺というものの成立はその寺の本堂が備わったときであるという考え方をすれば、寛永寺の完成はなんと五代将軍綱吉《つなよし》の元禄十一年（一六九八）の九月にまで降ってしまうということになる。ただ、この元禄説はあくまでも完成であって、創建を云々する場合にはあまりにも乱暴な見方であろう。以上のような点から、筆者は寛永二年十一月の本坊落成《ほんぼうらくせい》をもって、一応寛永寺の発足と考えるのが常識的な見方であると思っている。なお、このとき竣工した本坊が前に述べた高輪の別殿を移築したものであることはいうまでもない。そして、その場所は現在の東京国立博物館の地だったのである。

建立の趣旨

結論めいたことから先にいえば、寛永寺は徳川幕府の祈禱寺として建立された寺であるといったらいいだろう。実際には、寛永寺が建立されるはるか以前に、すでに江戸における菩提寺は浄土宗の増上寺に定まっており、寛永寺はその宗旨（天台宗）という点からいっても菩提寺として建立される可能性は皆無に等しかった。

それでは寛永寺という寺はどういう意図のもとに創建されたのだろうか。建立の時代はかなりさかのぼるが、簡単にいえば、寛永寺は京都の比叡山延暦寺《えんりやくじ》を手本として建てられた寺だったのである。平安朝の初めに、弘法大師空海《こうぼうだいしくうかい》とともに唐へ渡り、一足早く帰朝した伝教大師最澄《でんぎょうだいしさいちょう》は、早くから比叡山に自らの修行の場を構えていた。ちょうどそのころ、奈良から京都へ都を遷した桓武《かんむ》天皇は、この最澄を迎えて、平安京の鬼門《きもん》の位置にあたる比叡山に鎮護国家の祈禱の道場として延暦寺を開いたのである。

十七世紀の初め、天海はこの比叡山を模して江戸に天台宗の一大牙城を築こうと考えた。たまたま上野は江戸城の鬼門の位置に近く、山地をなし、山麓には湖を備えるなど、地取りの点できわめて比叡山と類似するものがあった。したがって、天海は山号を東の比叡山の意味で東叡山《とうえいざん》と名付けたのをはじめ、寺号は比叡山が時の年号を採って延暦寺と名乗ったのに倣って、わざわざ「寛永」の年号使用の勅許を受けて寺号と定めたのである。また、本坊の院号を円頓院《えんどんいん》と称したのも、延暦寺のそれが止観院《しかんいん》と称していたことによるものであった。もともと「円頓止観」という言葉があり、これを二分して使ったのである。もっとも、この円頓院という院号は江戸時代からめったに使われることがなかったせいか、世間的にはほとんど知られていなかったらしい。このことは、「山下《やました》で円頓院は知りませぬ」という古川柳がもっともよく物語っているといえるだろう。ようするに、この円頓院という本坊の正式名称は、寛永寺のお膝元《ひざもと》である山下で人に聞いても「知らない」という返事がかえってくるほど、一般には知られていなかったということなのである。

なお、比叡山延暦寺が建立された平安初期に、鬼門の思想があったか否かについては、今日ではその道の専門家の間にその存在を疑問視する説がある（勝野隆信『比叡山と高野山』至文堂)。しかし、ことの真偽はともあれ筆者はこのことと、天海が寛永寺を開いたこととは直接結びつく問題だとは考えていない。というのは、天海が寛永寺を開いたころには、すでに延暦寺が平安京の鬼門除けの寺として建立されたという話は、誰一人として疑う者のないほど常識化していたと思われるからである。

浅草寺との関係

さて、こう述べてくると、江戸幕府の祈禱寺はすでに天正以来金竜山浅草寺に定まっていたのではないかと思われる方も多いだろう。しかも、江戸城から見れば、鬼門の位置として最もふさわしい場所はこの浅草寺であり、寛永寺のある上野の山がやや北に寄りすぎているのは疑いのない事実である。にもかかわらず、なぜ既存の浅草寺を差し置いて寛永寺が祈禱寺として建立されたのであろうか。残念ながら、筆者は寡聞《かぶん》にしてその理由を明記した史料にお目にかかったことがない。従来の記録はすべて寛永寺建立のことのみを伝えていて、浅草寺側から見た史料がないのである。なぜ浅草寺をそのまま祈禱寺としていたのでは具合が悪いのかという問題にはふれていないのである。

そこで、ここに現在筆者が考えているいくつかの理由をあげてみると次の通りである。

① 浅草寺は古来より庶民の参詣寺としてのイメージが強い。幕府が祈禱寺に指定したとはいえ、幕府が自らの手で建立したり大増築をした寺でもない。もちろん増上寺も

既存の寺であるという点では同じ条件であるが、増上寺の場合はその後家康自身の手によって芝に移されており、実質上新規建立に近い形になっている。幕府の正式な菩提寺や祈禱寺はあくまでも官寺としての性格が先行していなくては具合が悪い。その点、寺の本尊そのものの出現についての縁起《えんぎ》が庶民的なイメージとはつながっても、官寺としてのイメージにはつながらないと思われる。

② 比叡山延暦寺という勅願寺《ちょくがんじ》を東（江戸）に移すという天海の壮大なプランを生かす意味では、平地というよりもむしろ低地に近い場所にある浅草寺はまず地取りの面で難点があるといえよう。もちろん、江戸城からの方角や宗派という点ではなんの問題もないわけだが、こと地取りについては、山や湖という比叡山とその周辺の条件を兼ね備えた寛永寺には及ぶべくもなかったのである。

③ 天海の基本的な発想が比叡山を東に移すということである以上、その寺の本尊が延暦寺と同じ薬師如来であるということもまた必須の条件となってくるだろう。しかもこの薬師如来は、当時すでに東照大権現として尊崇されていた家康自身の本地仏《ほんじぶつ》でもあった。となれば、天海とともに幕府が薬師如来にこだわったとしてもむしろ当然というべきであろう。後に元禄になって、寛永寺に根本中堂（本堂）が正式に建立されたとき、その本尊として迎えられたのは近江の石津寺《せきしんじ》の薬師如来（現存・重文）であ

った。しかも、この像は比叡山の根本中堂の本尊と同じ材で伝教大師が刻んだと伝えられる霊像であった。この一事を見ても、いかに延暦寺（薬師如来）が意識されていたかは明らかであろう。

一方、浅草寺の本尊が一寸八分の観世音菩薩であることはあまりにも有名である。とすれば、いかに幕府の権威をもってしても、浅草寺の本尊・観世音菩薩を廃し、これを薬師如来にかえるなどということは不可能に等しい。かといって、境内に薬師堂を別に造れば済むという問題でもない。ようするに、浅草寺は庶民と観音というイメージが強すぎるわけで、これを薬師を本尊とする寺に衣更えすることはまさに至難の技だったのである。

④　東に比叡山を移すということは、比叡山上とその周辺に存在する諸堂宇の移築（模倣）をも意味していた。既成の市中にある浅草は、こうした新規の伽藍をつぎつぎと建立していく上でもきわめて都合が悪かったのである。

以上のような諸条件を入れて考えてみると、天海の進言を受けた幕府が、この上野の地に天台の一大祈禱道場を新規に建立し、芝とともにここをもって自らの権威の象徴と精神的な支柱にしようと考えたとしても決して不思議ではないと思うのである。

なお、この寛永寺建立の背景に、京都の朝廷に対する幕府の一種の対抗意識が存在していたことも事実と見ていいのではないだろうか。そしてこのことは、かねて天海が主張していた、皇子を一品法親王《いっぽんほうしんのう》として寛永寺に迎え、この法親王をもって宗教界全体の上に君臨させるというプランが、その入寂《にゅうじゃく》後まもなく幕府の梃入《てこい》れのもとに実現したこととも深くかかわっていると考えられる。それは、天海のこのプランが幕府の意図していたところとはからずも基本的に一致していたことを物語っているのである。

こうして浅草寺は寛永寺の建立によって、やがて幕府の公式の祈禱寺としての地位を追われ名実ともに寛永寺の支配下に置かれることになる。その直接の原因が貞享二年（一六八五）八月の浅草寺別当忠運《ちゅううん》僧正追放事件にあったことは、すでに網野宥俊・所理喜夫両氏のご指摘の通りである。

比叡山に倣う

ここで寛永寺がその造営にあたって、いかに忠実に延暦寺を模していったかという点についてもう少し補足しておこう。前にも述べたように、この点に関する天海の意志はきわめて固く、山号・寺号・院号を比叡山に倣ったのをはじめ、つぎつぎと造営した堂塔伽藍はそのほとんどすべてが比叡山上とその周辺地である山《やま》城《しろ》・近江《おうみ》両国に存在するものに倣っていたのである。今、そのなかで代表的なものを二、三紹介してみるとつぎの通りである。

すなわち、常行堂《じょうぎょうどう》と法華堂（いわゆる二ッ堂・荷負堂《にないどう》）や釈迦堂は比叡山上の西塔《さいとう》のものを、本坊内の慈恵堂《じえどう》は横川《よかわ》の元三《がんざん》（慈恵）大師堂を、清水《きよみず》観音堂は京都東山五条坂《ひがしやまごじょうざか》の清水寺を、不忍池の弁天堂は琵琶湖の竹生島《ちくぶしま》の宝厳寺《ほうごんじ》の弁才天を、祇園《ぎおん》堂は八坂《やさか》の祇園（牛頭《ごず》天王・現八坂神社）をそれぞれ模倣・勧請《かんじょう》したものであった。もちろん、元禄になって建立された東都随一の巨刹《きょさつ》・根本中堂が東塔《とうとう》のそれによっていることはいうまでもない。

今、ごく常識的に考えれば、弁才天の場合、当時の関東には江之島の弁才天をはじめ、鎌倉鶴ヶ岡八幡宮寺・千葉の布施《ふせ》・井の頭の大盛寺《だいせいじ》など、著名な弁才天がいくつも存在したにもかかわらず、わざわざ竹生島から勧請したのである。また清水観音堂についていえば、至近の地に彼の有名な浅草寺の観音堂があり、宗旨の同じ天台宗であるのに、あえて清水寺から迎えるという挙に出ているわけである。これらはもともと比叡山が山城と近江に跨《また》がっていることから、その双方の地の代表として勧請したものなのである。いわばそこには、このプランにかけた天海の執念ともいうべきものが読みとれるのである。

諸大名の協力

上野の山に寛永寺が建立されることになったとき、率先してこれに協力した大名に藤堂《とうどう》・津軽《つがる》・堀《ほり》の三家があった。寛永期（一六二四〜四三）に造営された寛永寺の堂塔伽藍を見ると、天海自身の手になるものを除けば、尾張徳川家の常行堂・紀伊徳川家の法華堂・水戸徳川家の輪蔵《りんぞう》（経蔵）をはじめ、本多忠勝《ほんだただかつ》（薬師堂）・土井利勝《どいとしかつ》（五重塔・鐘楼）など、いわゆる徳川一門か幕閣の要路にあった人びとの寄

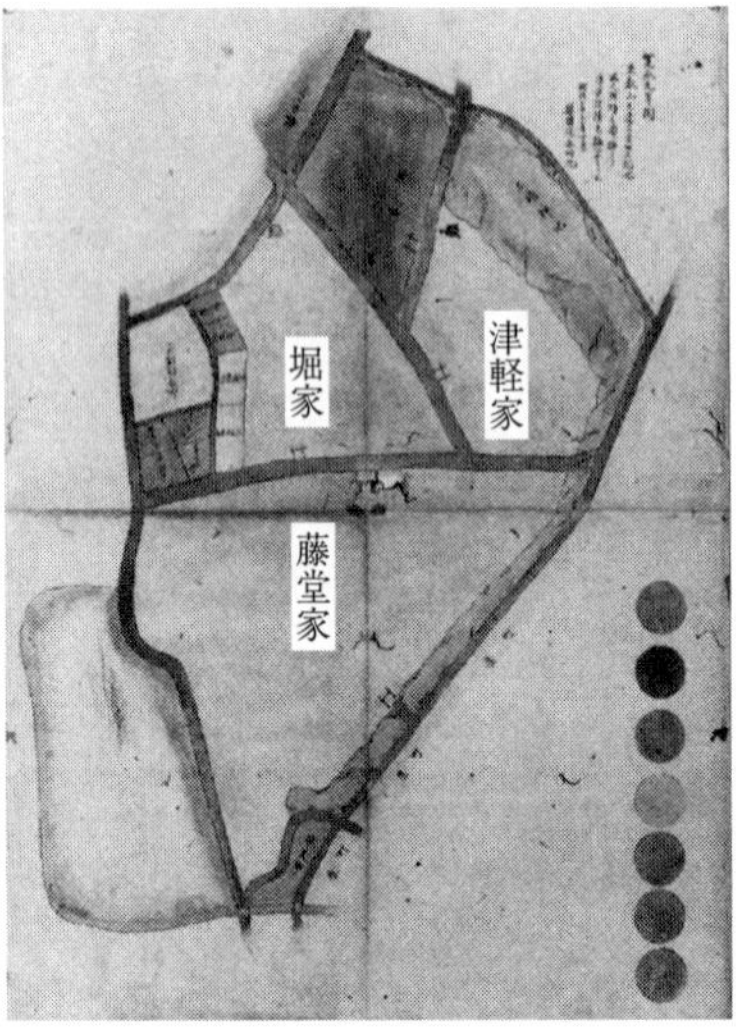

図4　古図

進にかかるものがそのほとんどを占めている。そうしたなかにあって、この藤堂・津軽・堀という三大名の積極的な姿勢は、いわば異色の存在であったといっていい。ただ、それにはそれなりの理由もあったのである。実は上野の山の内、秀忠によって天海に寄進された部分は、すでに慶長の中ごろ以来、これら三大名の下屋敷地として与えられていた場所だったのである（藤堂家の場合は慶長十一年〈一六〇六〉ごろには下屋敷を構えていたともいわれている）。今、試みに寛永寺所蔵の古図によって三家の屋敷の所在地を現在地に比定してみると、広小路から山内に入った辺りから大噴水の所まで（山の南側の大部分）が藤堂家、東京国立博物館の大半とその西に隣接した部分が堀家、同じく東京国立博物館の東側の一部とそれのさらに東側と北側の一帯が津軽家ということになる。

しかし、この古図はどうも後世の人の手になる想像図らしく、この系統の図で時代がさかのぼるものはまったく見あたらないようである。たとえば、今筆者が用いた寛永寺所蔵の図も、明らかに明治後期の写である。したがって、こうした古図が存在するからといって、ただちにこれを鵜呑みにすることはきわめて危険であるといえよう。それよりも、筆者はむしろ寛永寺創建前後の史実にもとづいて、それぞれの屋敷地を比定する方が遥かに正確であろうと考えている。すなわち、その史実とは、これらの三大名が上野の地を引き払うにあたって、どの場所に子院《しいん》（塔頭《たっちゅう》）や堂塔伽藍を造営寄進していったのかという問題である。今、この規準によってそれぞれの屋敷地を考えてみると、藤堂家はほぼ現在の上野動物園から東照宮を中心とした辺りであり、堀家は精養軒からパゴダを中心とした辺り、また、津軽家は徳川家の霊廟から東京国立博物館の一部におよぶ場所と推定されるのである。これを古図の場合と比較してみると、よく符合するのは津梁院《しんりょういん》だけで、藤堂家の屋敷はかなり縮小して考えねばならないし、堀家にいたってはまったくその位置がずれてしまうということになる。これに、寛永寺創建以前の上野の山には、ほかにもつぎのような多くの寺社などが存在したという事実を考え合わせると、どうしてもこの古図は誤りであるといわざるをえないのである。

すなわち、当時これら三大名の屋敷地以外の地は「上野村」と総称されていたらしく、そこには五条天神社（摺鉢山《すりばちやま》の上）、郷士・二葉某の屋敷（両大師から忍岡中《しのぶがおかちゅう》の手前辺り）、照崎稲荷社（現小野照崎神社・忍岡中附近）、善養寺《ぜんようじ》（忍岡中近くか？）をはじめ、正法院《しょうぼういん》、下谷《したや》稲荷社、常楽院《じょうらくいん》などが存在していたのである。秀忠は三大名の屋敷地はもちろん、これらの寺社のそれぞれに代替地を与えて一度これを収公し、あらためて天海に寄進したのである。

実はそうした縁から津軽信牧《のぶひら》は津梁院《しんりょういん》という子院を、堀直寄《ほりなおより》は子院凌雲院《りょううんいん》（後の学頭《がくとう》寺《じ》）と大仏や祇園堂《ぎおんどう》を、また、藤堂高虎は子院寒松院《かんしょういん》と東照社をそれぞれ造営寄進したわけである。やがて、こうした三大名の積極的な姿勢はほかの大名衆にも影響を与え、前《まえ》田利常《だとしつね》、酒井忠世《さかいただよ》などをはじめ、諸大名がつぎつぎと子院を建立したり、あるいは既存の子院の外護者《げごしゃ》（宿坊檀家《しゅくぼうだんか》＝宿檀と呼んだ）となっていったのである。

寺域と寺領

寺　域

堂塔伽藍とともに寛永寺の規模や変遷を考える上で、大変よい手懸りとなるものに寺域と寺領の二つがある。ただ、不思議なことに、今までこれらの点、特に寺領についての詳しい考証はまったくされていないのである。そこで、ここに「寺域と寺領」の一節を設け、一応の変遷を見ておきたいと思う。

さて、まず寺域の方であるが、江戸時代の寛永寺を寺域の上から考えると、ほぼ五つの時期に分けて考えることができる。

第一期は寛永二年（一六二五）の創建当初から承応二年（一六五三）ごろまでで、その寺域は現在の公園中央の大噴水を中心に四方に拡大した地域と考えられる。後に述べる宝永期以降の、いわゆる最盛期の寺域（約三〇万一八七〇坪）からすればほぼ半分強程度にすぎなかったといっていい。

第二期は承応三年（一六五四）から万治三年（一六六〇）ごろまでである。実はこの承応三年という年は、後に寺領の項でも述べるように、寛永寺の歴史の上でも大変大切な年なのであるが、この年現在の寛永寺を中心とした一帯が天海の後を継いで東叡山と日光山を差配していた毘沙門堂門跡《びしゃもんどうもんぜき》の公海《こうかい》に、隠居用の住坊地として与えられている。

第三期は寛文期（一六六一～七二）で、この時期に根岸《ねぎし》寄りの台地（上野の山全体からするとほぼ北側の地）で残っていた部分の大半が寺域に加えられたが、大幅な拡張というまでには至らなかった。なお、この時期の拡張の主な理由は、四代将軍家綱の生母宝樹院《ほうじゅいん》（増山氏・お楽の方）の御霊屋《おたまや》が前述の公海の住坊の北西に営まれたことにある。

ところで、筆者自身も含めて、どうも地取りの話になると、すぐ現在の地形を念頭において考えがちであるが、これは大変な誤りにつながりかねないわけである。

図5　初代歌川広重　東都名所上野東叡山全図

そこで今、念のために補足しておくと、江戸時代の上野の山は、ほぼ現在の常磐線《じょうばんせん》の外側辺りにかけて比較的ゆるやかな崖地をなしていたのである。たとえば、現在の鶯谷駅の側（東北）には崖の途中に段落が設けられ、そこには別当寺《べっとうじ》が霊廟に通勤する際に用いた通路が付けられていた。今のように上野駅側（東南）から鶯谷駅側にかけての全域が切りたった崖地になったのは、明治十五年（一八八二）に日本鉄道会社が開業した際に削ったのを皮切りに、段階的に削りつづけていった結果なのである。したがって、江戸時代の上野の山は、ほぼ現在の常磐線の線路の外側辺りを一応の目安として考えておかなければならないわけである。

第四期は延宝元年から貞享四年（一六七三〜八七）までで、この時期になって寛文期に加えられた根岸寄りの寺域がさらに北に拡張され、これによって崖地にそった谷中側の寺域がほぼ確定した。また、この時期には、現東京芸術大学の音楽学部を中心に、現寛永寺前から円珠院《えんじゅいん》附近が大きく寺域に加えられた。

第五期は元禄・宝永期（一六八八〜一七一〇）で、この時期に最後の大拡張が行われた。この期の拡張によって、まず谷中に接する山の北西の部分がすべて寺域となり、ついで、池ノ端側（西側と南側）の部分が大幅に寺域に編入された。後者の場所は現在の護国院（釈迦堂・大黒天）とその周辺地にあたる。さらに、この時期には台地下の東南から東側の一帯、いわゆる「山下」と「下寺通《したでらどお》り」がすべて山内に操り入れられた。

このうち元禄期の拡張の目的は、主として元禄十一年（一六九八）に竣工した根本中堂とその周辺に存在する主要伽藍（表1参照）を火災から守ることにあった。吉原健一郎氏の「江戸災害年表」（『江戸町人の研究』第五巻所収）を見ても明らかなように、江戸期の火災発生件数はわれわれの想像を遥かにこえたものであった。したがって、当然のことながら火災に対する備えがきわめて重要な問題となってくるわけである。いわば元禄の拡張は、

表1　主要伽藍初建年次一覧（除霊廟関係）

寛永2年（1625）	本坊
〃 4年（1627）	法華堂，常行堂，仁王門，黒門，東照社，経蔵，多宝塔，三十番神社
〃 7年（1630）	釈迦堂
〃 8年（1631）	鐘楼（儀式用），清水観音堂，五重塔，大仏，祇園堂
〃 13年（1636）	慈恵大師堂
〃 14年（1637）	山王社
〃 16年（1639）	薬師堂（本地堂）
正保元年（1644）	開山堂（慈眼大師堂）
承応元年（1652）	穴稲荷社（忍岡稲荷社）
寛文9年（1669）	時の鐘
元禄11年（1698）	根本中堂（含，唐門，廻廊，水屋一対他），山王社表門，吉祥閣（山門，文殊楼），宝蔵，勅額蔵，法具蔵
寛延年間（1748～50）	放光堂

諸堂宇や子院を主要伽藍から隔離するための新たな境内地が必要になったことを意味している。

また、宝永の拡張は宝永六年（一七〇九）の一月十日に死んだ五代将軍綱吉の霊廟造営にともなうものであった。具体的には元禄の場合が下寺通りの創設による山内寺院一〇ヵ寺（後に一一ヵ寺）の山麓への移転であり、宝永の場合は釈迦堂とその別当寺である護国院のほぼ現在地への移転である。このときまでの釈迦堂と護国院は綱吉（常《じょう》憲《けん》院《いん》）の霊廟の西北の端辺りから現寛永寺本堂附近にかけて存在していた。幕府はこの地に霊廟と別当寺（大慈院）を設け、護国院と釈迦堂をほぼ現在地へ移築したのである。今の護国院や上野高校の周辺の場所には、この少し前まで日蓮宗の大寺で京都本圀寺《ほんこくじ》派の触頭《ふれがしら》・法恩寺《ほうおんじ》（本所太平町へ移転）や永隆寺《えいりゅうじ》・妙正寺《みょうしょうじ》などが軒をつらねていたのである。

そして、この宝永期の拡張をもって、寛永寺の寺域はほぼ固定化したと考えていい。その総坪数が三〇万一八七〇坪余というわけなのである。

もちろんその後、享保五年（一七二〇）になって下寺通りのところに山上の現竜院《げんりゅういん》が移転しており、さらに下寺通りのなかでも南端にあった寿昌院《じゅしょういん》が逆に北端に移って、いわゆる「山下火《ひ》除《よ》け地」が設けられるなど若干の変化はあったものの、この元禄・宝永の大拡張以降は大筋においては変わることがなかったといっていいだろう。

寺　領

それでは、この大所帯を支える寺領の方はどうであろうか。前にもふれたように、どういうわけか、今まで寛永寺の寺領（正式には東叡山領という）について系統的に論じたものは皆無に等しいのである。筆者もかつてその概略にふれたことがあるが（『東京上野の五百年』所収「寛永寺」、東洋堂企画出版社）、きわめて不十分なものであった。

今、従来の諸書に記載されている内容を見ると、それらはおおむねつぎのようなものである。すなわち、東叡山領は正保三年（一六四六）の二一〇〇石にはじまり、幾度もの加増をへて、ついには享保三年（一七一八）の一万一七九〇石におよび、以後この状態は幕末まで変わることがなかった、というのである。

だが、はたしてこれでよいのであろうか。ここではそうした反省を含めて、すこし系統的に東叡山領の変遷を追ってみることにしたい。そして、その際の理解を助けるために、表2を作成した。以下この表を参照していただきながら話をすすめていこうと思う。

寛永の収公文書

今日わかっているかぎりでは、寛永寺の寺領に関する最も古い史料は、内閣文庫所蔵のつぎのような文書である。

覚

一、五百四拾壱石弐升壱合　武州豊島郡　田畑村之内
一、三百四石六斗七升七合　同　新堀村
一、百五拾三石八斗弐合　同　坂本村
高合千石
右之所為二上野東叡山領一従二戌年一御寄附候間可レ被二相渡一候已上
寛永十一年五月十七日
金兵衛判
半重郎判
加賀判

貞享2年6月11日	元禄11年9月3日	元禄13年2月14日	元禄14年9月3日	元禄15年9月12日	宝永3年8月17日	享保3年7月11日
○	○ 元禄11・9・3判物ハ9・6ニ焼失、同13・2・14付ノ総高安堵状ニテ中堂料300石新知ヲ確認	○	○	○	○	○
○	○	○	○	○	○	△（5.826）275石445
○	○	○	○	○	○	○
○	○	○	○	○	○	○
○	○	○	○	○	○	○
○	○	○	○	○	○	○
○	○	○	○	○	○	○
○	○	○	○	○	○	□(0.7049)35石3049
○	○	○	○	○	○	○
○	○	○	○	○	○	○
○	○	○	○	○	○	○
○	○	○	○	○	○	○
○	○	○	○	○	○	○
○	○	○	○	○	○	○

表2　東叡山領変遷一覧（●新知行，○存続知行，□知行地内加増，△知行地内減

順序	町村名	石高	寛永11年5月17日	正保3年12月17日	承応3年12月17日	寛文5年8月17日
1	武洲豊嶋郡 坂本村	153石802	収公文書	●	□(31.767) 185石569	○
2	同 新堀村	304石677	同上	● 本坊料1000石に相当	△(23.406) 281石271	○
3	同 田端村	541石021	同上 (T)999.500	●	□(51.95) 592石971	○
4	同 金杉村	530石600		●	△(16.477) 514石123	○
5	同 中里村	178石500		●	□(0.703) 179石203	○
6	同 稲付村	320石35余		●	□(83.75) 404石100	○
7	同 赤羽根村	70石54余		●(2100石) (T)2099.49余	□(6.08) 76石620	○
8	同 谷中村	34石600			●1~7の7ヵ村で差引	○
9	同 重条村	1187石183			●134.367増	○
10	同 足立郡 鹿浜村 加賀皿沼村共	988石580			●	○
11	同 堀之内村	204石466			●	○
12	同 沼田村	698石863			●	○
13	同 高野村 谷在家村共	252石451			● (T)5600	○
14	同 豊嶋郡 下尾久村	292石937				●

貞享2年6月11日	元禄11年9月3日	元禄13年2月14日	元禄14年9月3日	元禄15年9月12日	宝永3年8月17日	享保3年7月11日
○	○	○	○	○	○	○
	○	○	○	○	○	28参照
	○	○	○	○	○	○
	○	○	○	○	○	○
●	○	○	○	○	○	○
●	○	○	○	○	○	○
	○	○	○	○	○	○
	○	○	○	○	○	○
	○	○	○	○	○	△ (0.111) 37石000
(T)7870	○	○	○	○	○	□ (0.111) 303石358
	●	○	○	○	×	△(73.269) 0石
	● 中堂料300石ニ相当	○	○	○	× 此時ハ蔵米ニテ支給カ？	⊘□(44.6) 250石582
	● (T)8170	○	○	○	×	⊘28参照
				●	○	△(16),(27)共計 881石64

順序	町村名	石高	寛永11年5月17日	正保3年12月17日	承応3年12月17日	寛文5年8月17日
15	同 町屋村	107石063				●（通称「古朱印」）(T)6000
16	同（彦五郎分共） 三河嶋村之内	(1.867) 501石867				
17	同 ※町屋村之内	120石242	(15)+(17)計 227.305			
18	同 舟方村	65石508				
19	同 龍泉寺村	61石547				
20	同　足立郡 伊興村	620石836				
21	同　豊嶋郡 三之輪村	98石337				
22	同　梶原 堀内村	61石305				
23	同 ※坂本村	37石111	(1)+(23)計 222.680	享保分2口計 222.569		
24	同　足立郡 ※伊興村	303石247	(20)+(24)計 924.083	享保分2口計 924.194		
25	同　豊嶋郡 谷中町	73石269	(25)～(27)計322.263 内22.263			
26	同 谷中本村之内	205石982				
27	同 ※三河嶋村之内	43石012	込高（但元禄ノミ）	谷中系 17.3385 三河嶋 4.9245		
28	同 ※三河嶋村之内	336石761				

貞享2年 6月11日	元禄11年 9月3日	元禄13年 2月14日	元禄14年 9月3日	元禄15年 9月12日	宝永3年 8月17日	享保3年 7月11日
				●	○	○
				● 本坊新知分	○	○
				● 1000石ニ相当	○	○
				● (T)9170	○	○
					●	○
					● 長昌院料450石ニ相当	○
					● (T)9320	○
						●
						●
						●
						●
						●
						●
						●
						● (T)11790

順序	町村名	石高	寛永11年5月17日	正保3年12月17日	承応3年12月17日	寛文5年8月17日
29	同　足立郡 新里村	205石942	計 1307.126 内 307.126 込高			
30	同 柳嶋村	156石069				
31	同 蓮沼村	85石547				
32	同 原村之内	522石807				
33	同 前田村	256石726	計 610.781 内 160.781 込高			
34	同 十二月田村	127石845				
35	同 新井方村	226石210				
36	同　豊嶋郡 豊嶋村	119石553	計 2625.622 内 121.8619 込高			
37	同 徳丸脇村之内	15石111				
38	同 蓮沼村	990石334				
39	同 根葉村	223石186				
40	同 中台村	379石039				
41	同 堀内村	113石729				
42	同 上尾久村之内	483石432				
43	同 徳丸四ツ葉村	301石238				

豊後判
伊豆判
讃岐判
大炊判
雅楽判

倉橋勝兵衛殿

この文書は、まったく同文のものが寛永寺所蔵の「東叡山境内地及朱印地取調書《しゆいんちとりしらべしよ》」（副題「東叡山判物領地《はんもつりようち》」）と題する記録簿にも収録されており、その意味で最も信頼するにたる史料と考えていいだろう。しかも寛永寺側の記録には本文につづけて、わざわざ「此ノ状所謂《いわゆる》御本坊領（本院領）」との註記さえ施されている。

さらに、現在幕府から寛永寺に対して出された最も古い朱印状と東叡山領配当目録だと思われる正保三年のそれを見ると、この三ヵ村一〇〇〇石は明らかに本坊料として割り当てられていたことが確認できるのである。

したがって、以上のことから、この文書の通り、田畑（田端）、新堀（日暮里）、坂本の三ヵ村一〇〇〇石は、この寛永十一年（一六三四）中にすでに実質上の東叡山領となっていたと考えて差し支えないと思う。そして、それらはやがて正保にいたって、そっくりそのまま配当目録中に「本坊料」として登載されているのである。

なお、念のためこの三ヵ村の石高を実際に合計してみると、九九九・五石となって、標示高からすると五斗の不足を生じる。しかしこの程度の誤差は正保期ばかりでなく、後年の寺領にも散見されるケースで、当時としてはままあったことなのであろうか。

正保の寺領

前にもふれたように、正保三年（一六四六）十二月十七日付で、寛永寺は二一〇〇石の寺領を幕府から貰った。そして現在確認できる範囲では、これが寛永寺に対する最古の朱印状なのである。

内容は寛永十一年に収公した三ヵ村一〇〇〇石に、金杉、中里、稲付、赤羽根（赤羽）の四ヵ村一一〇〇石を加えた二一〇〇石というものである。

なお、このときの山領の配当の内訳は、

一、一〇〇〇石　本坊料
一、二五〇石　年中行事料
一、五　〇石　慈眼堂《じげんどう》料
一、三〇〇石　学頭《がくとう》料
一、一五〇石　修理料
一、三五〇石　衆徒《しゅうと》料

というものであった。ちなみに、慈眼堂とは寛永寺の開山天海（慈眼大師《じげんだいし》）を祀るお堂であり、学頭とは東叡山主に代わって一山を束ねる僧のことである。また、衆徒とはその学頭以外の一山《いっさん》住職のことである。

承応の寺領

承応三年（一六五四）十二月十七日、寛永寺は二回目の朱印状を受けた。そして私はこのときの朱印状は東叡山の寺領を考える上で、きわめて注目すべき内容のものだと考えている。

表2の通りに、このときは正保時の七ヵ村に加えて、豊島郡で谷中村、重条村（十条の二ヵ村、それに足立郡で鹿浜村（含加賀皿沼）、堀之内村、沼田村、高野村（含谷在家）の四ヵ村、都合六ヵ村三三六六石一斗四升三合を加えて、総高はなんと一挙に正保時の倍以上の五六〇〇石にもおよんだ。

そこでまず第一に注目すべきは、右に述べたように正保以来わずか八年というのに、総高が二倍以上にもなったことである。第二に注目すべきは、これも表2の通り、正保時以来の山領七ヵ村のすべてについて、この承応時に石高の割り返し（改定）が行われていることである。そして、このなかの新堀村だけが、ずっと後の享保三年（一七一八）になって五石余の改定を受けたものの、他の六ヵ村はすべて幕末までこの承応時の石高のまま固定化するのである。第三にはこの五六〇〇石の配当の仕方である。

すなわち、このときの寺領はつぎのように配当されている。

一、五　　石　山王社料《さんのうしゃりょう》
一、一三三五石　東照宮御神料
一、五　〇　石　慈眼堂料
一、一三七〇石　大猷院殿御料《たいゆういんでんごりょう》
一、五〇〇石　宝樹院殿御料
一、一〇〇〇石　御本坊料
一、五〇〇石　御隠居料
一、三〇〇石　学頭料
一、四　〇　石　執当料《しっとう》
一、四〇〇石　衆徒料《しゅうと》
一、一〇〇石　目代料《もくだい》

今、これを正保の場合と比較すると、まず正保時の配当のまま存続しているものは、御本坊料、学頭料、慈眼堂料、衆徒料の四項目で、残る年中行事料と修理料の二項目は姿を消している。しかし、今回新規に加えられたものは、山王社料、目代料、執当料、御隠居料、東照宮御神料、大猷院殿御料、宝樹院殿御料と、実に七項目にものぼる。ただ、新規のもののなかで、御隠居料はこの当時まで東叡山主の座にあった天海の高弟の毘沙門堂門《もん》跡公海《ぜきこうかい》に対するもので、本質的には本坊料と同一のものである。また、東照宮、大猷院、宝樹院の各料は、いずれも徳川将軍家の祭祀にかかわるもので、いわば霊廟料とでも呼ぶべき性格のものである。さらに山王社料は今の西郷隆盛像近くに建てられていた山王権現社の祭祀料であり、執当料、目代料は寛永寺山内の役職手当にあたる。このうち、執当は今日の執事長にあたる役で、二人ないしは三人が任命され、月番制で寛永寺全体の寺務処理や渉外にあたったものであり、目代はいわゆる寛永寺お抱えの寺侍《てらざむらい》（代官）で、手代や山同心と呼ばれる配下の者を使って、寺領の差配をはじめ山内の警備や輪王寺宮《りんのうじのみや》の警護にあたっていた。

なお、この段階で消えた年中行事料は、以後は本坊をはじめ各堂への配当料のなかで賄われることとなった。また、修理料の方は、必要に応じてそのつど幕府が支弁する形態へと転じていった。そして、やがてこの修理の制度は、元禄ごろまでには寛永寺山内の各堂塔伽藍のほとんどに適用されるようになり、それらの建物は「公儀御修理所」の名をもって呼ばれるようになるのである。

以上を整理してみると、㈠本坊料関係（御本坊料、御隠居料）、㈡霊廟料関係（東照宮御神料、大猷院殿御料、宝樹院殿御料）、㈢堂社料関係（山王社料、慈眼堂料）、㈣役職料関係

(学頭料、執当料、目代料)、㈤衆徒料関係の五つの系統に大別できる。そして今最も注目すべきことは、正保時と異なって、この承応に設けられた五つの系統による配当の仕方が、そのまま幕末までずっと変わらずに存続していったということである。もちろん、石高としては、享保以降の一万一七九〇石からすれば、この承応時はまだその半分にもおよばないわけだが、私がいいたいのはそういう石高の多少ではなく、この承応に江戸期を通じての東叡山領の基本的な配当のパターンが確立したということなのである。

たとえば、元禄十五年(一七〇二)の本坊料一〇〇〇石の加増は㈠の本坊領関係に入るし、元禄十一年の中堂領三〇〇石は㈢の堂社料関係に、また、家綱以降の歴代将軍やその夫人たちの祭祀料はすべて㈡の霊廟料関係に含まれるといった具合である。このように、石高がしだいにふえ、享保三年(一七一八)には一万石をこすに至ったにもかかわらず、それらの加増分はすべて上記の五系統の枠をこえることはなかったのである。

ついでながら、こうした整理、改革がなぜこの承応三年に行われたのかという点を考えてみると、実はこの年に東叡山が御水尾《ごみずのお》天皇の第三皇子守澄《しゅちょう》法親王を山主として迎えたからだと考えられる。このときに本坊料一〇〇〇石の他に隠居料五〇〇石が加えられ、ただちに前山主の公海に与えられたのも実はこうしたことによるわけである。そしてこれ以後、この五〇〇石は隠居がいるいないにかかわらず、そのまま本坊料とともに固定化するのである。

なお、このとき天海・公海についで東叡山の第三代の山主に就任した守澄法親王は、やがて輪王寺《りんのうじ》の勅号を受け、以後歴代の上野の宮様は輪王寺宮一品法親王《いっぽんほうしんのう》と呼ばれるようになったのである。いいかえれば、寛永寺はこの段階で天海自身の遺言でもあった皇子を山主として迎え、尾張、紀伊、水戸の御三家をも凌《しの》ぐといわれたその格式をととのえ、文字通り宗教界に君臨することとなったのである。したがって、時の幕閣もそれなりの対応が必要となり、右のような山料関係の整備も行われたのだと考えられよう。そして、この基本路線は長く幕末まで継承されていったのである。

寛文・貞享の寺領

寛文五年（一六六五）八月十五日、寛永寺は豊島郡の下尾久、町屋両村において四〇〇〇石の新知を貰った。配当の内容は宝樹院料の追加分三〇〇石と、衆徒料の追加分一〇〇〇石である。そして、後に寛永寺山内ではこの寛文までの総高六〇〇〇石を特に「古御朱印《こごしゆいん》」と呼び、貞享以降の寺領とははっきり区別しているのである。これはおそらくこの承応から寛文にかけて、東叡山領が享保以降の総高一万一七九〇石のほぼ半分に達したことによるのであろうが、その区分を承応でなくこの寛文においたのは、この時の新知四〇〇〇石の配当がすべて承応時の配当項目のなかに収まってしまうことによるといえよう。つぎに述べるように、貞享には家綱夫妻のための寺領という新項目が加わってくるのである。

すなわち、貞享二年（一六八五）六月十一日、寛永寺は同じ豊島郡の三河島村、町屋村（追加分）、舟方村、竜泉寺村、三之輪村、梶原堀之内村、坂本村（追加分）の七ヵ村で、合わせて九四五石九斗一升七合と、別に足立郡の伊興村で二筆九二四石八升三合、都合一八七〇石を加増された。配当の内容は延宝八年（一六八〇）に死んだ家綱《いえつな》（厳有院《げんゆういん》）の祭祀料一三七〇石と、同四年に死んだ家綱夫人（高巌院《こうがんいん》）の祭祀料五〇〇石というものであった。ここまでの総高は七八七〇石となった。

元禄の寺領

元禄十一年（一六九八）九月三日、この日東叡山の根本中堂《こんぽんちゅうどう》（本堂）の落慶を祝して、中堂領三〇〇石が加えられた。場所は豊島郡の谷中町、谷中本村、三河島村（追加分）の三ヵ町村で、これで総高は八一七〇石となった。

ついで元禄十五年九月十二日、本坊領一〇〇〇石が加増された。内訳は三河島村（再追加分）三三六石七斗六升一合と、足立郡の新里・柳島・蓮沼・原の四ヵ村九七〇石三斗六升五合、合わせて一三〇七石一斗二升六合（内三〇七石一斗二升六合は込高）である。これで総高は九一七〇石となった。

宝永の寺領

宝永三年（一七〇六）八月十七日、足立郡の前田、十二月田《しわすだ》、新井方の三ヵ村において四五〇石（込高共で六一〇石七斗八升一合）の加増があった。

これは、この年、後に六代将軍となった綱豊《つなとよ》（家宣《いえのぶ》）の生母長昌院《ちょうしょういん》の霊廟が寛永寺に移建されたことにともなった処置であった。そして、総高は当然九六二〇石となるはずであった。ところが、実際にこの宝永時の朱印状を見ると、総高はなんと九三二〇石となっているのである。明らかに三〇〇石不足しているわけである。今、その理由をさぐってみると、不思議なことに、元禄十一年に貰ったばかりの中堂領三〇〇石だけが、そっくり今回の配当目録からはずされているのである。したがって、数字的には朱印状と配当目録とは完全に一致するのだが、どうもこのときに中堂領三〇〇石がまったく交附されなかったとは考えがたい。とすると、このときは何らかの事情があって寺領が一時的に収公され、代わりに現金ないしは蔵米《くらまい》によって中堂領にあたるものが支給されたのではなかろうか。後にものべるように、そうした例は他にも指摘できるのである。しかも面白いことに、この中堂領三〇〇石は、つぎの享保三年（一七一八）には、所在地の若干の変更はあっても、見事に復活しているのである。

享保の寺領

享保三年七月十一日、中堂領として、三河島村と谷中本村において二九三石五斗九升四合が復活した。元禄時にあった谷中町がすべて除かれ、その不足を他の二ヵ村で補った形だが、それでも三〇〇石には六石四斗六合不足である。だが、これは同時に加増された新知のなかで埋め合されているのである。

すなわち、このとき幕府は豊島郡の豊島、徳丸脇、蓮沼、根葉《ねば》、中台、堀内、上尾久《かみおぐ》、徳丸四ッ葉の八ヵ村において二六二二五石六斗二升二合を加増した。これで総高は通説のように、ついに三八ヵ村（正確には谷中町を除く三七ヵ村）一万一七九〇石となったのである。もっとも、この享保時の加増総高二六二二五石六斗二升二合は、前に述べた中堂領三〇〇石の不足分六石四斗六合を計算に入れると、このうちの四四九石二斗一升六合は込高ということになる。したがって、このときの実質上の加増は、中堂領の三〇〇石を別とすると、二二七〇石ということになるわけである。

なお、中堂領以外の配当の内訳は、宝永六年（一七〇九）の正月に死んだ綱吉《つなよし》（五代将軍、常憲院《じょうけんいん》）の祭祀料一三七〇石と、長昌院の祭祀料の追加分一〇〇石、さらに綱吉を追うようにその年の二月に死んだ綱吉夫人（浄光院《じょうこういん》）の祭祀料七〇〇石というものである。

さて、そこでこの一万一七九〇石の内容を大別してみると、なんとこのうち純粋に寺関係といえるものが三七九五石であるのに対し、霊廟関係のものが実に七九九五石にもおよんでいるのである。したがって、この点からいって、東叡山領増加の主なる原因が、全体の三分の二を占める将軍家関係の祭祀料にあったことは疑う余地がない。

寺領の問題点

ところで、こう述べてくると、東叡山領の変遷は至極明らかで、そこにはまったく何の問題もないように思われるが、実はそうではない。

そこで、現在筆者がこれだけは検討しておかなければならないと考えている点を箇条書きにしてみるとつぎのようになる。もちろん今筆者がこれらのすべてについて明確な解答を用意しているわけではないし、また多少判っているものについても、その詳しい内容をのべることは本書の目的からするとやや脇道にそれてしまうことになるだろう。したがって、今回は各箇条の後に簡単な補足を加える程度にとどめたい。

㈠　綱吉以後、増上寺に埋葬された家宣や家継のような場合は別として、寛延四年に死んだ八代将軍吉宗《よしむね》やそれ以降に寛永寺に埋葬された将軍の場合に、寛永寺の寺領がまったく増えていないのはなぜなのであろうか。

たとえば、吉宗、家治《いえはる》、家斉《いえなり》などの歴代将軍はすべて七〇〇石の祭祀料をともなっており、このことが否定しがたい事実である以上、これらの祭祀料は、享保三年を境にすべて蔵米払《くらまいばら》いまたは現金払いの形式で支給されるようになったものと考えられよう。

㈡　同様に享保三年以降に死んだ将軍の正室や生母・側室などの場合はどうなのであろうか。

これも前条と同じ蔵米払いか一時金払いの形式で支給されたと考えられよう。前者の例は証明院《しょうみょういん》（家重《いえしげ》正室）の三五〇石や心観院《しんかんいん》（家治正室）の五〇〇石、後者の例は法心院《ほっしんいん》（家宣の子家千代《いえちよ》の生母）や蓮浄院《れんじょういん》（家宣の側室）の供養料一〇〇〇〇両などである。

㈢　同様に吉宗の子または孫の代にはじまる御三卿《ごさんきょう》、田安・一橋・清水の各徳川家の当主やその妻子の場合、その菩提寺は明らかに寛永寺山内の学頭寺凌雲院《りょううんいん》であるのに、これらの人びとに関する寺領がまったく存在しないのはなぜだろうか。

これらも前二条と同様に蔵米払いなどのかたちで支給されたものであろう。一橋家の祖宗尹《むねただ》（覚了院《かくりょういん》）の一五〇石などは蔵米をもって支給されたのであろうし、清水重好《しげよし》の生母（安祥院《あんしょういん》）や同正室（寿光院《じゅこういん》）の場合は回向料《えこうりょう》、御華料《おはなりょう》などと記されているから、おそらくは現金でもって支給されたのだと思う。

㈣　幕府とは別に、各大名家や旗本家などから、いわゆる宿坊檀家《しゅくぼうだんか》としての附届けとして、山内の各子院に対して毎年納められていたもの（内容は一〇〇石、五石、拾人扶持《ふち》、金五〇両、銀一〇枚など千差万別である）はどうあつかわれていたのであろうか。

これらは表向きの石高としては一切計上されていない。おそらくは各子院が自由に使えたものであろう。なお、これとは別に、表高のなかからは、各別当寺をのぞく全子院に、おのおの二〇石ずつが毎年支給されたのである。参考までに、当時寛永寺一山としてはごく普通の寺であった筆者自身の寺、現竜院に対する附届けを列記してみるとつぎの通りである。

二〇石　　一山配当

銀二〇枚　松平土佐守
金五〇両　同右
一〇〇石　本多中務大輔
六五俵　稲葉丹後守
一〇〇俵　阿部伊勢守
二五俵　堀田伊豆守
一〇俵　内藤信濃守
一〇俵　三枝摂津守
五俵　堀田駿河守

他に石高標示のない宿檀として阿部豊後守や松平伊賀守など合計一二家が書き上げられている。なお、この場合、俵と石とは同じことと考えられるので、今これを単純計算してみると、同院には年間二六五石と銀二〇枚、金五〇両の定収があり、他にも無標示の一二家からの収入や後述のような法要などにかかわる収入があったといっていい。

㈤　三〇万坪余の寺域は別として、一万二〇〇〇石近い尨大な収入はどう管理運営されていたのであろうか。

寺領の実質面の管理はすべて目代《もくだい》と呼ばれる田村権右衛門が行っていた。また、その各配当料については、すでに紹介した通りである。ただ、本来はもう一歩つき進めて、そうした各配当料の内容をも検討すべきであろう。しかし、前にものべたような理由から、ここでは省略することにしたい。

㈥　寛永寺の寺領は、もともとどの辺りの地域に設定されたのであろうか。そして、享保期までにつぎつぎと加増されていった各寺領間には何らかの脈絡が存在するのだろうか。東叡山領は、まずいわゆるお膝下《ひざもと》の坂本・新堀（日暮里）・金杉・田端などにはじまり、しだいに荒川を護岸沿いにさかのぼる格好で設定されていく。したがって、享保期の段階で見ると、一部を除き、ほぼ荒川の護岸沿いに連なって寺領が存在している。これらの土地はほとんどがもともと幕府の直轄地であり、幕府は宮様の手前もあってか川沿いの肥沃な地をえらんで寄進したと思われる。

㈦　宝永三年（一七〇六）の中堂領除外のような例が他にもあったのだろうか。

寛延三年（一七五〇）の古記録によれば、「川欠之分、高六石三升引（寛延三年）」と註記があり、さらにしばらく後に、「高六石三升、元文五申年前書川欠之分、是者午之年御足米ニ相成候事」と見えている。したがって、護岸沿いにあったために、河川の氾濫等で欠損（土地そのものに）ができ、その分を足米《たしまい》で補っていることがわかる。また、安永三年（一七七四）の古記録によると、この年、寛永寺は足立郡のうちで「蓮沼村、原村之内」から合わせて六七五五石八斗四升九合を上知《あげち》し、この代地として、上野国甘楽《かんら》郡の「大牛《おおうし》村、岳《たけ》村、諸戸《もろと》村」の三ヵ村において同一高を貰っている。ところが、その後の「東叡山領目録」（例えば安政二年〈一八五五〉や万延元年〈一八六〇〉のもの）を見ても、この上知と甘楽郡における新知のことはまったく記載がなく、少なくとも寺領目録の上では、前記の「川欠之分」のケースも含めて、享保三年（一七一八）の目録とまったく変化がない。

一方で、この件について、現地の妙《みよう》義《ぎ》町に照会したところ、たしかに一年遅れの安政四年付でこの三ヵ村が東叡山領となった古記録が存在しており、このことは『群馬県北甘楽郡史』（五三六ページ）にも明確にのせられている。しかも、その石高がまったく符合することは、木村礎氏編の『旧高旧領取調帳』によって確認できるのである。ただ、同書の場合は所有者の名目は東叡山領ではなく、岩鼻《いわはな》支配所となっているが、この点は慶応四年（一八六八）の八月二十七日付で甘楽郡の東叡山領を上知し、大音龍太郎なるものの支配所に移管したとの古記録があるので問題はないであろう。むしろ問題なのは、前記の川欠之分を含めて、寺領の実態と目録上とがまったくかけ離れている点であろう。こうしたことが、当時としては当然ありえたことなのか、それとも東叡山領における特殊ケースなのか、この点については今後の研究課題である。

(八)　一万石をこす寺領には、いわゆる縄のびや田畑改良等による増し高のようなものがまったくなかったのだろうか。

寛延三年（一七五〇）の古記録によれば、総高一万一七九〇石と記載したあとに、「別紙東叡山領目録村高之儀ハ古高ニ而寛延三午年検地改出ニ相成候、以来左之通り」と前置きして「一、高壱万五千弐拾壱石九斗三升六合五勺」とあり、さらに「内高三千弐百三拾七石九斗六升六合五勺、寛延三午年改出高、外ニ高六石三升」と記している。このうち六石三升が前にのべた川欠之分であることは明白であろう。したがってその分は三千二百余石から差引くことになる。よって実質の増し高は三二三一石九斗三升六合五勺というわけである。ようするにこれだけの石高が縄のびと田畑改良によって増えたことになる。にもかかわらず、その後も寺領目録の方はまったく訂正されていない。ここでも目録と実態の喰い違いが指摘できるのである。

㈨　いわゆる東叡山領としてはまったく書き上げられていない千駄木・湯島・下谷・池之端などの東叡山持ちの土地はどうあつかわれていたのであろうか。

これらの土地はしばしば「東叡山領」の名の下に記載されているが（たとえば江戸切絵図など）、正式の山領目録にはまったく加えられていない。また、なかには「東叡山抱屋《かかえや》敷《しき》」とか、「宮様お抱屋敷」などと注記されている場合もある（『御府内沿革備考』など）。たとえば、千駄木御林からの収入は、地元の古文書によると、寒松院《かんしょういん》と東漸院《とうぜんいん》が別当寺として管理にあたった東照宮と大猷院霊廟の費用の一部に充てられていたことがわかる。また、下谷辺りの抱屋敷は寺の使用人を住まわせたほか、一般の貸家としても用いられていたと思われる。もちろん、これらの収入は一切計上されていないのである。

以上の諸箇条については、今後より精密な検討がなされなければならないし、また、その際は少なくとも増上寺の例なども考えに入れなければならないであろう。

ただ、きわめて大づかみにいえば、以上の諸点を考えに入れると、幕末期における実質上の東叡山の収入は、三万五〇〇〇石をも上回ったのではないかと思うのである。しかもそのなかには、後にふれるような将軍家関係をはじめとする葬儀や法要にかかわる臨時の収入や、いわゆる「御府庫金」と呼ばれた貸付金の上りなどは一切ふくまれていないのである。

将軍御成

東叡山御成

さまざまな御成

一口に「将軍御成《おなり》」といっても、当然のことながら、それにはさまざまなケースがある。たとえば将軍が自分の寵臣《ちょうしん》の屋敷を訪れる御成もあれば、鷹狩りの帰途などに近くの神社・仏閣へ赴く御成もある。なかでもよく知られているのは、五代将軍綱吉の寵臣柳沢吉保《やなぎさわよしやす》邸への御成や、歴代将軍の浅草寺への御成である。

しかし、同じ神社・仏閣への御成といっても浅草寺などの場合とはまったく違ったケースもある。それは芝の三縁山増上寺への御成と、上野の東叡山寛永寺への御成である。このいわゆる「両山御成《りょうざんおなり》」は、主として歴代将軍の霊廟《れいびょう》への御成であり、これと同様の御成としては、日光山の東照宮（家康）と大猷院《たいゆういん》（家光）霊廟への御成があるだけである。

将軍は、たとえ正室や将軍生母といえども、原則的にはその霊廟に参詣することはなかったからである。

もっとも、これはあくまでも原則であって、将軍自身がどうしてもと望んだために、非公式に参詣したと思われる例も皆無ではない。だが、それも埋葬直後か、せいぜい一周忌くらいまでだったと思われる。ただ、そうしたことは公的な記録には一切書かれなかったので、文献上でこれを論証することはきわめて難しいのである。

しかし、後に述べるように、田安・一橋の両徳川家の当主が、本来立ち入ってはいけない場所へ無理に入った記録などもあるので、いずれはその実態が明らかになることもあるだろう。

ところで、将軍御成の具体的な内容は、歴代将軍の葬儀と埋葬式がすんだ直後の参詣にはじまり、年回ごとの法要や毎年の祥月命日《しょうつきめいにち》（祥月忌《しょうがつき》）にあたっての両山の位牌所《いはいじょ》（霊殿）と墓所（廟所）への将軍直々《じきじき》の参詣である。

こう書けば、すでに明らかなように、将軍はかりに前将軍といえども、その葬儀や埋葬法要には一切参列しないのである。その場合、前将軍の葬儀は老中（大老がいれば大老）を喪主《もしゅ》として執り行われるのである。こうした慣習は、おそらくは天皇家の例に習ったものであろう。ようするに遺骸に直接あうことによって、新将軍に死の穢《けが》れがつくことをおそれたのである。そして、この点は将軍の葬儀がいわゆる夜儀《やぎ》であることや、参道への白《はく》布《ふ》の敷設《ふせつ》などという天皇家における方式がそのまま踏襲されていることによっても裏付けられるのである。

また、これとは別に、寛永寺の場合には、東叡山主である輪王寺宮一品法親王《りんのうじのみやいっぽんほうしんのう》訪問のための御成もある。

さらにこうしたある意味では定例化していた御成のほかにも、きわめて例外的な御成もある。たとえば病臥中の天海を見舞うために、わずか一ヵ月余の間に四回も寛永寺を訪れた家光の御成や、同じ家光が寛永五年（一六二八）に、創建時の工事が一段落した寛永寺を視察するために訪れた御成などがその例にあたるといえるだろう。

以下、ここではこれらのうち寛永寺への定例の御成を中心に考えてみよう。

御成の道筋

江戸城を出た将軍が寛永寺に御成になるときは、必ず三六見付《みつけ》の一つ、筋《すじ》違《かい》見付を通ることになっていた。この見付（筋違橋、筋違御門）は昌平橋《しょうへいばし》の下流、明治になってから架《か》けられた万世橋のやや上流にあった。この橋を渡ったところは広場になっていて、そこからまっすぐに進むと現在の「うさぎや」や「西楽堂」の前に出た。いわゆる「御成道《おなりみち》」とは、この筋違橋からの道をいったのである。

したがって、この道は今の春日通りの少し手前の辺で行き止りとなり、道はそこを右に折れ、またすぐに左に折れて、下谷広小路（今の上野広小路、現在の中央通り）へとつながっていたのである。

現在のように、万世橋に向かってまっすぐに道がつけられたのは維新以後のことで、江戸時代には、今の松坂屋の辺りで曲らなければならなかったわけである。現在この場所（黒門交番のある辺り）に不思議な三角地帯が残っているのはそうしたことによるのである。

こうして下谷広小路に出た将軍は、不忍池から流れでる小川、忍川《しのぶがわ》に架けられていた三橋《みはし》（御橋。三枚橋とは別）のうち中央の御成橋を渡り、寛永寺総門の黒門口では、向かって右手の御成門を通って山内《さんない》に入るのである。

御成門から清水《きよみず》観音堂下の表参道を進んだ将軍は、やがて図6のように、山門（文殊楼、吉祥閣）の手前で右折する。本来、山内ではこの山門の手前に下乗札がたっていて、ここから先は乗物をおりなければならないのだが、もちろん将軍や輪王寺宮は別格であったから、下乗することはない。ただ、将軍御成の日には、この下乗所が山門前から黒門前の広場に変更されるのが普通だったようである。

さて、将軍の駕籠《かご》は山門からの道を摺鉢山《すりばちやま》のところで左折し、現在の東京文化会館、国立西洋美術館、国立科学博物館を右手に見て、宮様のお住居《すまい》でもある寛永寺の本坊（現、東京国立博物館）の正面右角辺りで大通りに出る。この角をほぼ直進すれば三代将軍家光

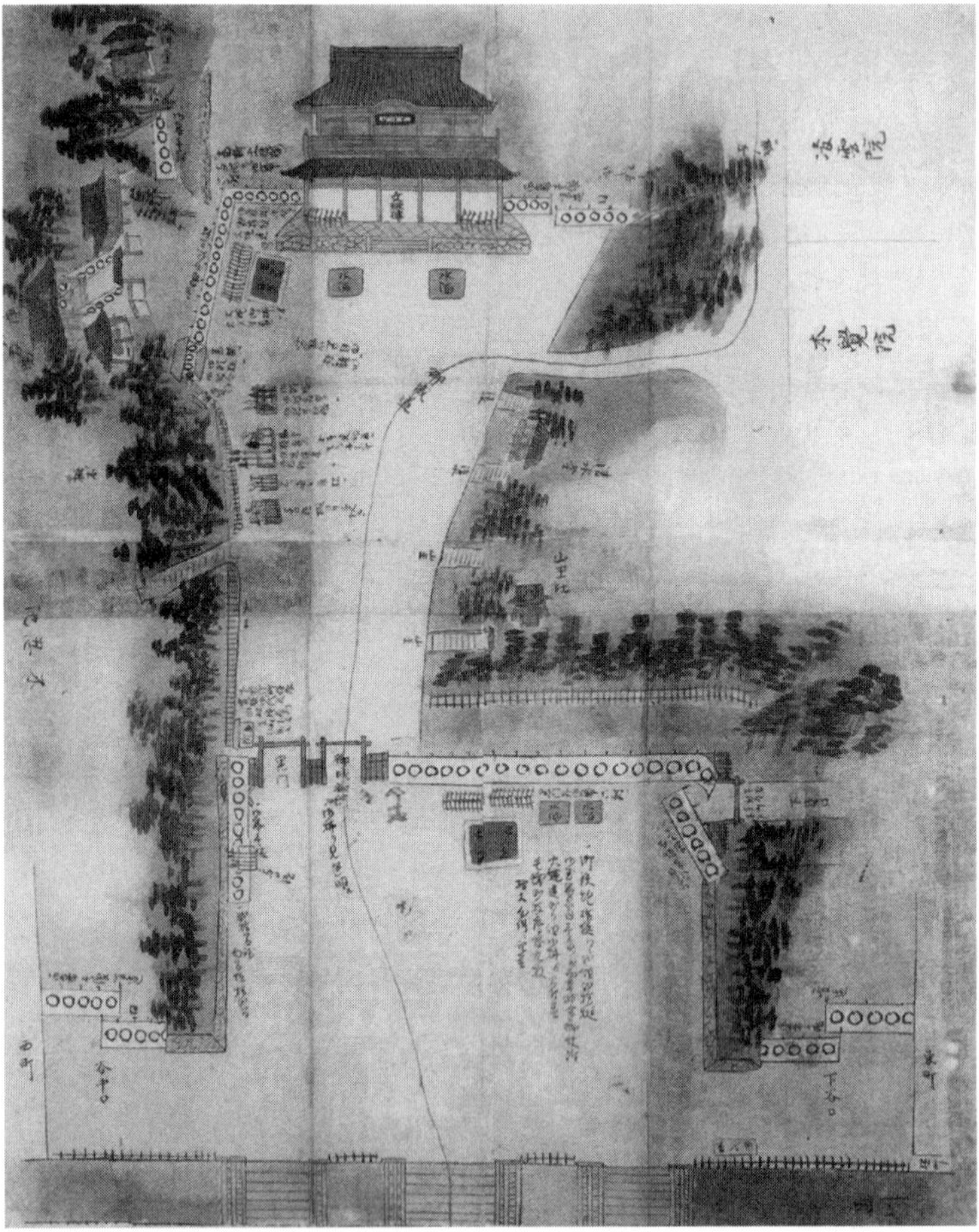

図6　作者不詳　上野山内将軍家御成之道筋図

の霊廟へと繋がっているのだが、この霊廟は享保五年（一七二〇）にその大半が焼失したため、家光は家綱の霊廟に合祀された。したがって、それ以降の将軍がこの参道を辿ることはほとんどないのである。ただ、大変不思議なことにこの御成の道筋は、四代、五代以降の歴代将軍霊廟への参道の場合でもまったく同じだったのである。将軍は山内に入ってからは、どの将軍霊廟に参詣するときでも、決して山門を潜って正面の根本中堂の方には向かわないのである。

ごく常識的に考えれば、享保に火災で焼失するまであった家光の大猷院《たいゆういん》霊廟への参詣には、この摺鉢山を廻る道筋が最も便利である。しかし、四代家綱の厳有院《げんゆういん》霊廟や五代綱吉の常憲院《じょうけんいん》霊廟への参詣には、この道筋ではどう見てもわざわざ遠回りをしているとしか思えないのである。

というのは、一度本坊の右角に出た将軍は、そこからまた左に折れて、本坊の表門を右に見ながら通りすぎ、今の法隆寺宝物館の手前辺りから、あらためて右折して各霊廟へと参詣しているからである。これでは廻り道としかいいようがないが、なぜそうしたのであろうか。

現在、文献上の裏付けはとれていないが、あえてその理由を考えてみると、それは仏事による参詣のときに東照宮の前を通ることを避けるためだったのではないだろうかと思う。

今やその死後に類稀《たぐいま》れな偉大な神、東照大権現に昇華《しょうか》した家康の前を横切って仏事（回《え》向《こう》）に向かうのはふさわしくないとの判断である。この点は、前掲の図6でも将軍の参詣道以外の道筋が幔幕《まんまく》で仕切られていることからもわかるし、同じ将軍が東叡山の山主である輪王寺宮一品法親王《りんのうじのみやいっぽんほうしんのう》を本坊に訪ねるために来山する御成の場合は、山門を潜ってどうど

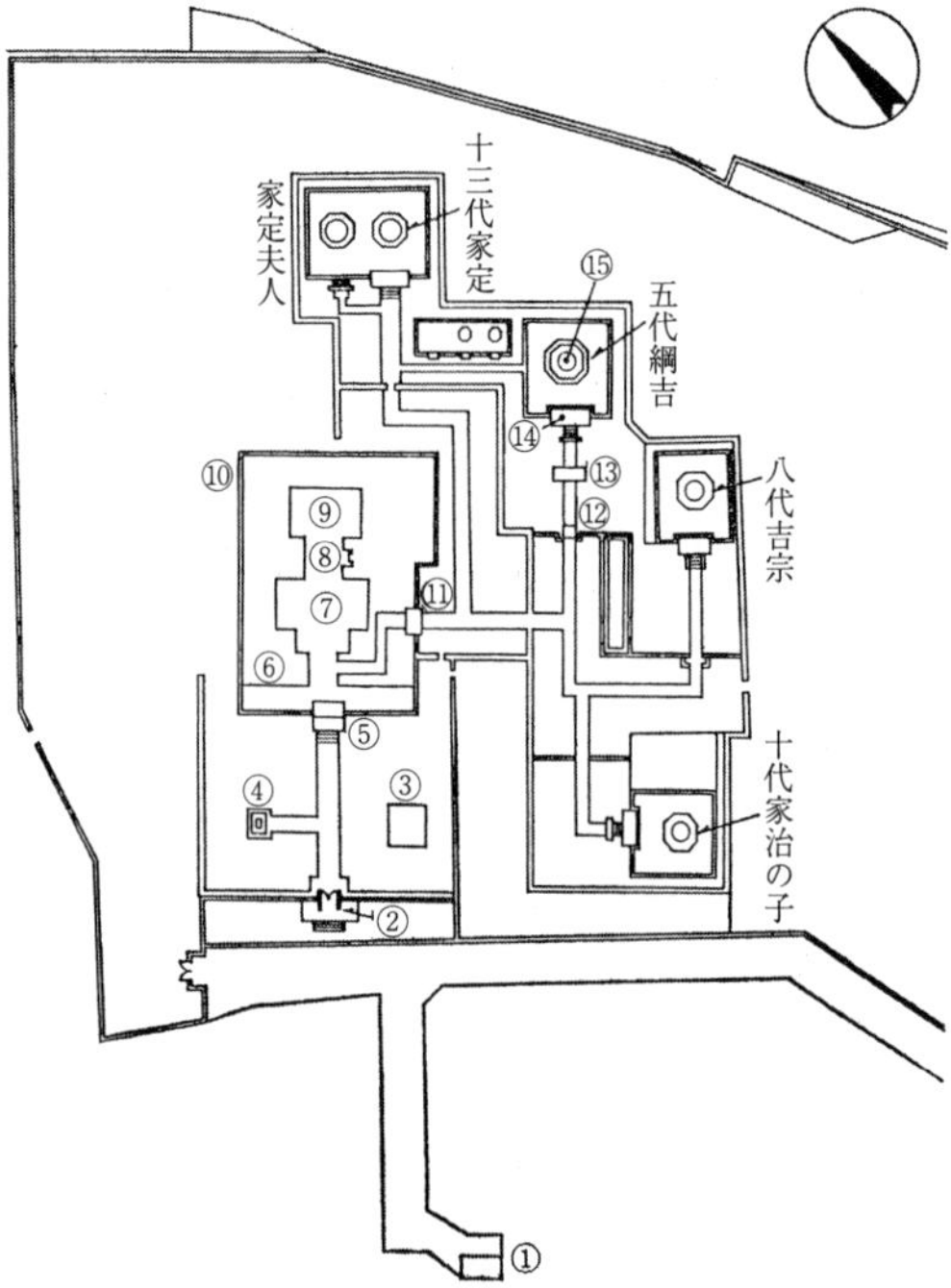

図7　常憲院（綱吉）霊廟配置図

①二天門，②勅額門，③鐘楼，④水盤舎，⑤中門，⑥廻廊，⑦拝殿，⑧相之間，⑨本殿，⑩透塀，⑪仕切門，⑫唐門，⑬拝殿，⑭鋳抜門（中門），⑮宝塔．

うと正面から本坊に向かっていることでも裏付けられるだろう。

参詣の仕方

将軍は当日参詣する予定の霊廟に着くと、まず勅額門《ちょくがくもん》、ついで中門を潜り、そこから左に折れて廻廊づたいに御装束所《ごしょうぞくしょ》（供華所《くげしょ》）と呼ばれる控所となる建物に入る（図7参照）。将軍はここで一息入れるとともに、手を洗い、口を漱《すす》いで、衣裳を参詣用の装束に着替えるのである。

このように、将軍は装束所の屋内で黒漆《くろうるし》塗《ぬ》り、葵の紋付の湯桶《ゆとう》や盥《たらい》を使って身を潔めるのだが、大名などは表《おもて》（中門手前左手）にある水盤舎《すいばんしゃ》（水舎《みずや》）で手水《ちょうず》を使い、口を漱ぐのである。

なお、寛永寺ではあらかじめ参詣があるとわかっているときには、夏場は冷たい井戸水を、冬場はお湯を入れた桶と杓《ひしゃく》を水舎のところに用意して大名を迎えてくれるので、大変気が利《き》いていてありがたい、という記事が、『甲子夜話《かっしやわ》』（松浦静山）などに書かれている。

ところで、この将軍の休息所は、本来は霊廟に供える膳部やお供物《くもつ》などを用意するための供華所であるとともに、霊廟の別当寺の住職の詰所《つめしょ》であったが、将軍御成の折の着替えの場所として使用されたため、将軍が装束を更《あらた》めるという意味で「御装束所《ごしょうぞくじょ》」とも呼んだのである。

こうしていよいよ参詣ということになるのだが、御装束所を出た将軍は、一度中門内の正面石畳《いしだたみ》までもどり、そこから本殿に向かって拝殿の階段下へ進む。

ここで、その参詣が歴代将軍の年回法要であれば大導師の法親王宮が直々《じきじき》に出迎えるのであるが、祥月忌《しょうがつき》のための参詣の場合には宮は姿を見せず、代わって寛永寺山内で唯一宮の名代となることができる学頭《がくとう》の凌雲院《りょううんいん》大僧正が出迎えることになっていた。この拝殿下までの先導はすべて別当寺の住職がつとめるのだが、ここからは代わって宮や学頭が案内にたち、別当寺の住職は後から随行することになる。

さて、拝殿に上った将軍は中央に設けられた将軍専用の焼香机のところで焼香、礼拝する。現在ではありえないことだが、たとえ徳川御三家の当主といえども、決して将軍と同じ位置に坐《すわ》り、同じ焼香机を使って焼香、礼拝することはない。その場合には、ほんのわずかではあるが位置がずらされ、焼香机なども替えられたのである。

ついでにふれておくと、この拝殿はその名の通り普通のお堂と違って、堂の前方には扉はなく開放されており、そのまま相之間《あいのま》と呼ばれる畳廊下に繋っている。そして、その先は二段ほどの黒漆塗りの階段を上って本殿に直結しているのである。

したがって、この拝殿はその名のように、まさに焼香、礼拝のためだけに造られたお堂であり、堂内には荘厳《しょうごん》のための装飾は施されてはいるものの、本尊や位牌《いはい》の類《たぐい》は一切祀られていないのである。これは現存する日光山輪王寺の大猷院《たいゆういん》家光霊廟の拝殿を見ていた

図８　小島勝月　温古東錦正月十日諸侯上野霊廟へ参詣之図

だけばすぐに納得がいくだろう。

　そして、この点は後にふれる廟所《びょうしょ》の方の拝殿についてもまったく同じことである。ただ、廟所の方のそれは、図の通り、相之間のような接続する建物をもっていない単立の建物なのである。したがって、当然のことながら、この堂には手前はもちろん、前方にも扉が付けられていた。参詣時にはその双方の扉が同時に開かれるわけである。

　ところで、よほどのことがないかぎり、将軍はこれで霊殿（御位牌所）での参拝を終え、右手に設けられた仕切門から廟所（墓所）へと向かうのである。ただ、ごく一部の史料には、拝殿から相之間をへて本殿内にまで進んだようにとれる記述も見られるが、これはまったく非公式の例外的な措置として行われたものだと考えるべきであろう。

さて、廟に向かう将軍を先導するのは学頭や別当寺の住職である。将軍はこの廟所でも、正面の石段を上って中門（鋳抜門《いぬきもん》）の内部、すなわち将軍の遺骸《いがい》の眠っている宝塔（墓塔）のある部分には足を踏み入れないのが原則であった。ここでも将軍は拝殿で礼拝をすませて引き返したのである。

詳しいことは省略するが、この鋳抜門の内部は正面の宝塔内に祀られている仏（釈迦、阿弥陀、大日、観音など、将軍の信仰によって異なる）の浄土（極楽）であり、この場所は寺院でいえば、お堂の須弥壇《しゅみだん》の上（本尊を祀る壇上）にあたるのである。

したがって、お堂で須弥壇に上る人がいないように、この鋳抜門の内へ入るのは当然遠慮すべきなのである。なお、この鋳抜門の内部が仏の浄土であることは、各所につけられた「松竹梅」や「亀甲つなぎ」などの瑞祥文《ずいしょうもん》によってもわかるのだが、ここではそのことを指摘しておくだけにとどめよう。

さて、将軍は鋳抜門手前の参道の中央にある廟所用の拝殿に上り、ここで焼香、礼拝し、そこから引き返したのである。もちろん、ここでも御三家などの扱いは霊殿の場合と同様である。

ついでにふれておくと、この廟内の拝殿には堂の前後に扉（観音開き）が付けられていた。前後の扉を開けておけば、鋳抜門ごしに宝塔が拝めるようになっていたのである。したがって、この拝殿には、当然のことながら仏像や位牌などは一切祀られていない。

こうして廟所への参詣がすむと、将軍はひとまず御装束所へもどり、そこでふたたび少し休息するとともに、衣裳を更《あらた》めて帰城の途についたのである。

なお、祥月忌の参詣などには、時として将軍が本坊に宮を訪ねることがあった。その場合は当然のことながら、前もって将軍来駕《らいが》の連絡があり、宮はそろそろ御成だとの報らせをうけて、表玄関の式台のところへ出迎えにたつのである。宮はそこから将軍と連れだって大書院の上之間《かみのま》に進み、上段に上って対坐するのである。帰るときも玄関式台まで見送ることはいうまでもない。

日光御鏡頂戴

では、逆に宮が江戸城に将軍を訪ねたときはどうなるのであろうか。

たとえば年が改まって初めて宮が登城し、将軍と対面するのは、毎年二月一日と決まっていた。この日は、一月中《いちがつ》、日光山に籠って、宮をはじめ出仕の僧たちが、天下泰平と将軍や幕府の安泰、万民豊楽などを祈って読んだお経の内容を書き上げた目録（巻数《かんず》という）と御祈禱札を将軍に献上するとともに、この正月に日光東照宮にお供えして御祈禱した御鏡餅を持ちかえって将軍に献上するのである。この儀式を「日光御鏡《おかがみ》頂戴《ちょうだい》」と呼んだ。

なお、このうち祈禱札と巻数だけの献上は、いわゆる厄月《やくづき》の五月と九月の分についても行われたが、この二回は宮は登城せず、名代の凌雲院大僧正が登城して献上する仕来《しきた》りであった。

さらにそうした登城時の城中での細い定めも残されているが、今は割愛することにしよう。

ところで、登城時の宮は、通常は将軍と宮にしか許されていない網代《あじろ》の溜塗《ためぬり》の駕籠に乗って、江戸城の表玄関に直《じ》かに駕籠を乗りつけたのである。同じ菩提寺でも、増上寺の法《ほっ》主《す》（住職）の場合は、一つ手前の門で下乗と定められていた。

さて、将軍はこの宮を謁見《えっけん》の間《ま》の下段までおりて出迎え、ともに上段に上って対坐する。宮の帰山にあたってもほぼ同様の対応であった。

なお、宮は正月、五月、九月の厄月三ヵ月間だけは祈禱のために日光に赴くが、残りの九ヵ月は東叡山に常在していた。もっとも在、不在にかかわらず、宮と将軍の交流はかなり密接であったと考えていい。

たとえば、宮はことあるごとに将軍の許《もと》に使僧を派遣して、その健康状態を尋ねたり、季節季節には、上野の山の桜を桶に入れて届けたり、自ら試食した上で不忍池の蓮根を贈ったりするのである。一方、将軍も、時候の挨拶はもちろんのこと、折にふれて手に入った珍しい品を届けたり、宮の三度の日光山への往還にあたっては、必ずその前後に使者をもって贈り物を届けるとともに宮の身体《からだ》の具合を尋ねるのが恒例となっていた。そこでもし宮があまりすぐれないと聞けば、わざわざ医師を派遣し、場合によっては日光にまで随行させたりもしたのである。

ようするに、原則的には宮と将軍はほぼ対等の立場にあったのである。

代参と予参

すでに述べたように、歴代将軍の年回や祥月忌の法要の当日には、現職の将軍自身が該当《がいとう》する将軍の霊廟へ参詣することになっていた。しかし、たまたま当日がひどい雨であったり、雪が降ったりしたときは、御成は順延されるのが常であった。

もっとも、こうした御成（参詣＝御仏参ともいう）の順延は、どうやら一回限りとされていたらしく、その順延当日にふたたび障害が生じた場合には、直々《じきじき》の御成は中止となり、代わって、将軍名代として老中のなかの一人が代参することになっていた。また、将軍の体調がすぐれないときや重要な公務ができたときも代参となっていた。

ところで、「代参」といえば、祥月命日以外の毎月の命日（月忌《がっき》という）には、これも決まって老中が将軍名代として歴代将軍霊廟に参詣することになっていた。

ついでながら、これが将軍の正室への参詣の場合には代参は若年寄となり、側室（将軍生母など）のときは御側衆《おそばしゅう》と決まっていた。これらの霊廟へ将軍自身が参詣するということは、よほど将軍自身が望みでもしないかぎりあり得なかったのである。

また、正室や将軍生母らの祥月忌には、時としては一格格上げして、老中や若年寄が参詣することも行われていたようである。特に、逝去後まもない時点では、こうした対応がなされていた様子がうかがえる。さらに、わずかながら右大将（将軍嫡子）自身が参詣した例もある。

将軍の祥月命日に嫡子自身が参詣するのは当然のことであるが、例月の右大将の将軍霊廟への参詣は、決まって西の丸老中の代参となっていた。

また、右大将が将軍霊廟へ参詣するとき、寛永寺側は本人が何かの事情で将軍名代として参詣するような特別な場合には、将軍に準じた対応をし、右大将自身として参詣するときには一格下の対応をした。この点は老中や若年寄についても同様で、たとえば老中が将軍名代として参詣するときと、老中個人として参詣するときとでは対応を変えていたのである。いいかえれば参詣者が同じ人物であっても、そのときの参詣がどんな資格での参詣なのかによって、寛永寺側ははっきりと処遇に差をつけていたわけである。

ところで、比較的代数の若い時代の将軍（老中、若年寄らも含めて）はまだよいのだが、しだいに時代が降ってくると、参詣しなければならない（将軍）霊廟は増える一方であったから、将軍にとっては、祥月忌だけとはいえ、芝に、上野に、紅葉山《もみじやま》（江戸城中）にと、その回数は馬鹿にならないものとなっていった。まして毎月の命日ごとに参詣しなければならない老中や若年寄らにとっては、まったく大変な負担だったといえるだろう。

偶然の一致だとは思うが、かつて筆者は寛永寺関係の七人の将軍（除慶喜《よしのぶ》）の命日が、八日が三人（家綱、家治、家定）、二十日が二人（家光、吉宗）十日（綱吉）と晦日（家斉）が各一人と、ひどく片寄っているのは、こうしたことと関係があるのではないかと疑ったことさえあったくらいである。ただ、すくなくとも増上寺関係の六人にはまったくこうした様子は見られないことを申し添えておこう。

一方、こうした代参とは別に、「予参《よさん》」と呼ばれる参詣の仕方があった。これは主として徳川御三家（尾張・紀伊・水戸）の当主と嫡子が、将軍御成の当日に身内としてあらかじめ寛永寺に参って、そこで将軍の御成を待ちうけるというものであった。彼らは将軍を拝殿手前の参道の左右に敷き詰めた那智黒石の玉砂利の所まで出迎えて、そこから将軍に随って拝殿に上り、堂内左手奥に着座して控えるのである。

このとき万一焼香礼拝をすませた将軍が本殿の方まで行ったとしても、彼らは着座のままで将軍に随うことはない。先導はもちろん寺側の役目である。

拝殿での焼香、礼拝がすむと、彼らは将軍に随って廟所へ向かう。廟での将軍の焼香、礼拝がすむと、ふたたび将軍とともに霊殿の方に引き返し、装束所に入る。やがて将軍が帰城の途についたのを見送り、それから彼らはあらためて参詣のために拝殿に上って焼香、礼拝し、終わって廟所の拝殿へと詣《もう》でるのである。

なお、こうした将軍御成の日の午後には、御三家の嫡子たちは江戸城に登って将軍に拝謁し、本日の上野御仏参の無事終了をお慶《よろこ》び申し上げる慣例になっていた。

また、将軍の御成は原則として午前一〇時ごろであったが、こうした将軍御成の最中には寛永寺はなんと時の鐘を撞《つ》くことを差し控えたらしい。たとえば、弘化三年（一八四六）の御成のときには、現在の午前七時ごろから午後三時ごろまで、八時間（現在の時間）も鳴鐘が中止されている。しかもその理由はなんと御参詣中で騒《さわ》がしいからというものであった。江戸庶民の生活の基準となっていた「時の鐘」のこのあつかいに将軍権力そのものを見る思いがする。

宝塔まで入った御三卿

余談として付け加えておくと、どうやら将軍ももしかしたら本来絶対に足を踏み入れてはならないはずの宝塔部分へも足をはこんだのではないかと推測できる史料も見つかっている。

それは現在日光山輪王寺の「日光文庫」に残っている、田安・一橋両徳川家の当主からのたっての要望に対して、輪王寺側がやむをえず対応したときの記録なのである。念のため断っておくと、以下のことは明らかに違法な行為であり、万一発覚すれば両徳川家の当主はもとより、寺側も無事にすむような問題ではなかったはずである。いわばそうした極秘事項であるため、かりに事実としてあったとしても、記録に残すなどということは常識的には考えがたい。まことに運のいいことに、それが後に述べるような理由によって記録され、日光山輪王寺の柴田立史師のご厚意で、筆者が拝見できたのである。あらためて柴田師に感謝するとともに、大変貴重かつ興味深い史料なので以下にその粗筋《あらすじ》をご紹介しておこう。

その記録とは、幕末期に日光山の大猷院霊廟《たいゆういんれいびょう》（三代将軍家光、慶安四年四月二十日逝去）に参詣した田安中納言と一橋中納言の両卿（参詣は別々であった）が、揃いもそろって、本来は絶対に立ち入ってはならないはずの奥社宝塔へ行ってみたいと無理難題をいいだしたときの記録なのである。

この突然の難題に大猷院の別当は驚愕し、とても自分の一存では処理しかねるとして、本坊に行き役者《やくしや》（今日《こんにち》の執事長にあたる）に事情を告げ、いかに計るべきかと伺いを立てたのである。

これに対し、時の日光山の役者はこう答えたのである。「この話は当局は一切聞かなかったことにするから、貴僧（別当）が一存で計ったらよい」。

この返事は一見きわめて冷たく責任逃れのようにも思えるが、筆者はそうは受け取っていない。前例のないことであり、まして前にもふれたように、鋳抜門《いぬきもん》内の宝塔の部分は仏の浄土なのだから、そこへ立ち入ろうとすること自体が不謹慎きわまりない行為なのである。したがって、役者は立場上答えるならば、不可能だといわざるをえない。また、かりに一歩譲って内々の立入りを認めたら、万一そのことが発覚した場合、幕府と日光山との問題にも発展しかねない。なにしろ普段、将軍自身でさえ、すくなくとも公式には立入りを遠慮している場所なのである。いかに御三卿《ごさんきょう》（田安・一橋・清水）の当主であるとはいえ、将軍を差し置いて寺側が案内したとなればお咎めは免れないだろう。

かといって相手は御三卿である。そう無礙《むげ》にも断われまい。そんな別当の苦しい立場を考えて、役者はあえて一切聞かなかったことにする、貴僧の一存で計らえばよいと答えたのである。

裏を返せば、別当の一存で計らうのなら案内しても構わないというわけである。こうしておけば万一この事が明かるみに出ても、両卿と別当だけの責任ということになる。それはそれなりに大事件ということになるだろうが、すくなくとも幕府と日光山、将軍と御門主の一品法親王との問題には発展しないですむのである。

筆者はこの役者の裁きを、きわめて洒落《しゃれ》た、粋《いき》な計らいだと思うのである。

こうして、別当はあくまでも自己の責任において、両家の当主を宝塔部分にまで案内したのである。

それでは、なんでこんな極秘裡に行われるべきことが記録に残ったのであろうか。筆者はかなり以前からこうしたことがあったのではないかと考えて、その裏付けとなる史料を探していたのだが、当然のことながら見付かるはずもなく、半ばあきらめていた。

だが、このときの大猷院霊廟の別当はこう考えたのである。このことは極秘事項ではあるが、今後もこうしたことは必ずあるであろう、とすれば、これは後々の別当のためにきちんと記録して遺しておかなければならない。

こうした事情があって、簡潔な対応までの経緯《いきさつ》と、以下に述べるような案内の仕方を記し、末尾に右のような記録保存の事由を書き加えたものを両卿別々に（内容はほぼ同じである）美濃半紙数枚ずつに残したのである。

われわれは今、そのお蔭でこうした極秘事項の内容にふれることができるわけであるが、もちろん後任の別当たちにとっても、この記録はまことにありがたいものであったはずである。

では、このとき、別当が実際にどう対応したのかといえば、別当はまず両卿の申し出を受ける前に、両卿を案内して定式通りの参拝をさせている。両卿の定例の参拝がすむと、別当は両卿を促して、一度控所にもどらせている。ここで、別当は両卿に、正式の参詣時の衣裳を脱いで、外から来山したときの衣服に着替えるようにと指示し、着衣をあらためた両卿を自ら案内してふたたび鋳抜門の内部へ立入っているのである。

この記録には書かれていないが、その際はおそらく履物はぬがせ、真新しい足袋にはきかえさせてのことだろう。というのは、日常ここに霊供をお供えしたり、下げたりするときに立入る別当自身も、決して土足で立入ることはなく、必ず真新しい足袋を用いるのが定式となっていたし、この点は三〇石取りの掃除人夫頭が日々清掃のために人足を連れて出入するときもまったく同じだったからである。

つぎに、ここでなぜ装束をあらためさせたのかという点だが、これはおそらく正式の参詣に合わせて立入ったことを問題視されるのを恐れたからだと思う。宝塔部分への立入りはあくまでも非公式なものでなければならないわけで、万一、発覚したときのことを考えると、すこしでも逃げ道を用意しておいた方がよいということであろう。

なお、別当自身については、立入りの案内をしたことへの咎めはあっても、立入りそのものについては前にもふれたように、別に問題とされることはないのである。

というわけで、田安・一橋の両中納言は無事宝塔内への立入りを果たしたのである。そして、筆者はこうしたことは記録には残らないが、歴代将軍の場合にも充分ありえたと思っているのである。

寛永寺や増上寺の場合、将軍御成ということはよほどのことがないかぎり、突然にということはない。したがって、江戸も中期にかかるころまでには、寛永寺側が（幕府側ももちろんのこと）御成についての一定のマニュアルを作成していたことはむしろ当然のことというべきだろう。

御成への対応

その一部についてはすでにふれたが、ここであらためて、寛永寺側の対応と合わせて幕府側の御成道の道筋における警備体制などについて考えてみよう。

江戸城を出た将軍が、寛永寺に御成になる場合には、必ず「筋違見付《すじかい》」を通る。ここに架かっていた筋違橋を渡ると広場になっており、そこから上野に至る道筋が将軍の参詣道となる。この道を現在でも土地の人びとが「御成道《おなりみち》」と呼んでいるのは、文字通り将軍御成の道筋だったからである。

ところで、将軍が筋違見付に着くと、あらかじめ寛永寺から其処《そこ》へ派遣しておいた小者《こもの》が「只今《ただいま》、公方《くぼう》様筋違見付に御到着」との報らせをもって黒門口の番所に駆《か》け込む。この第一報はただちに輪王寺宮のもとに届けられるが、宮はここでは聞き置くだけで動かないのである。一方、黒門口に詰めていた人びとは、この報らせをうけて、実際の出迎えの態勢に入る。やがて将軍の行列が黒門口に差し掛かると、今度は黒門口に控えていた小者が

「只今、公方様黒門口に御到着」との報らせをもって当日参詣予定の霊廟に走るのである。宮はこの報らせをうけて、ようやく出迎えのための所定の位置に向かうのである。

以上が法要のための将軍御成のときの基本的な対応であるが、宮以外の執当をはじめとする役職者が、これに先立って対応の場に行っていることはもちろんである。

ただ、将軍の御成が宮への表敬訪問であった場合には対応が少々変わってくる。

将軍が宮のお住居《すまい》でもある寛永寺の本坊（現東京国立博物館の地）に御成になるときは、第一報が黒門口に届いた段階で、それまで近接の清水《きよみず》観音堂の書院で控えていた寛永寺一山の住職たち（執当などの役職者を除く）全員が、黒門口を入った表参道の左右に並んで将軍を出迎えたのである。そして、そうした御成のときは、宮は黒門口到着の第二報をうけて、おもむろに本坊表玄関の式台辺りへと出迎えに向かうのである。

このように、一事が万事、将軍御成の対応はマニュアル化されていたのである。

そんなわけだから、当然のことながら、幕府側の将軍御成のときの常規もマニュアル化されていた。もちろん、そうしたマニュアルも時代とともに少しずつ変更されていったと思われるが、それでも大筋においては承け継がれていったと考えていいだろう。

たとえば将軍御成時の道筋の警護を見ると、こんな具合である。

将軍御成の道筋の内、将軍自身が通る道筋（御成道と下谷広小路）は、かなり早く（時刻未詳）から一般人の通行を遮断していたらしい。しかし、たまたま近年入手した史料によれば、意外にも各所で御成道と交叉する横道については、なんと将軍が通過する一刻（約二時間）前までは一般人の通行が自由だったのである。交叉する道の通行を許すということは、その地点だけとはいえ、御成道そのものの横断を認めていたわけなのである。

なお、そうした横道は一刻前になると、はじめて矢来《やらい》をもって閉じられ、通行一切が遮断されたのである。そしてこれも当然のことながら、御成の道筋には行列そのものの警護とはまったく別に、幕府は警護の諸士を配置していたのである。また、御成道に面した左右の町々は、御成の間は休業を余儀なくされたし、その上、戸を閉めて静かにしていなければならなかった。さらに御成の行列の通行時には、二階に上ることとさえ禁じられていたのである。

実際にこうしたお触を無視した所業に対し幕府がどんな処置をしたのかは、節をあらためてご紹介しよう。

その他、寺側の対応とは別に幕府側としては、江戸城からの行列の組み方、町々と道筋の警備、さらには寛永寺山内における警備など、さまざまな場において綿密な計画をたてなければならなかったのである。

特に寛永寺山内の警備については、後にもふれるように、どうやら将軍の参詣前と参詣中は幕臣の担当となっていたらしい。前掲の図6や他の史料を見ると、将軍の通る道筋はもちろんのこと、その周辺の木立や植込に至るまで、鉄砲二組二〇挺などといったように、くまなく警備の士が配置されていたことがわかる。規模は組頭以下、五人から一〇人くらいが一組となっていたようである。なお、最後に、それら警備の士が御徒士組、御先手組、鉄砲組、小十人組などによって構成されていたことを付け加えておこう。

石川六兵衛事件

事件は『江戸真砂六十帖《えどまさご》』巻一に、「石川六兵衛女房奢《おごり》の事」と題して収録されているものである。

延宝九年（一六八一）の五月八日（この年十月九日天和に改元）、この日は前年に薨去《こうきょ》した四代将軍家綱の一周忌にあたるため、家綱の実弟で五代将軍となった綱吉が、定式通り寛永寺の厳有院家綱霊廟に参詣した。

以下は、『江戸真砂六十帖』の伝えるこの日の出来事の大略である。

この日、将軍の乗った駕籠の先駆《さきが》けをつとめていた大小名たちが下谷大名小路（下谷広小路、現上野広小路）の辺りに差しかかると、なにやら名木の香りがただよってきた。人びとは不審に思いながらまもなく広小路の刀剣で知られる本阿弥家の店（当時、本阿弥家は一一軒のうち一〇軒が下谷広小路に店を構えていた）の辺りまでくると、ちょうどその反対側にある仕立屋を借り切って、町人が綱吉の上野御仏参（御成）を拝見しているのが見えた。

ほどなく綱吉自身がそれに気付き、「あれは何者か、早速尋ねよ」と命じたため、この上意はだんだんに申し送られて、御徒士の小頭に至った。この小頭が吟味したところ、石川六兵衛の女房であることがわかった。

翌日、このことを綱吉に言上すると、綱吉は即刻町奉行に吟味させよと命じ、このため六兵衛夫妻はただちに捕えられて、牢舎に収監《しゅうかん》された。この石川六兵衛という町人は、日本橋小舟町三丁目角に屋敷を構える人物で、屋敷の向かいは荒和布橋《あらめばし》という横丁になっており、俗に「てりふり町」と呼ばれているように、雪駄《せった》屋と足駄《あしだ》屋などが軒を連ねている町である。六兵衛の店は場所もよかったので、大変繁昌し、土地を五、六ヵ所も持つような大店《おおだな》であった。

この六兵衛の女房は普段から奢《おご》り高ぶることが多く、よく人目に立つ人物であった。綱吉が御成のときに目にしたのは、その六兵衛の女房が、赤毛氈《あかもうせん》を敷き、その身を華美な衣裳で飾り、腰元《こしもと》三人と下女二人にもそれぞれ奇麗《きれい》な格好《かっこう》をさせ、御成のために人の往来が止められたころになって、自分の前に香炉を置き、名香を焚《た》いて、御成を見ている様子であった。

六兵衛夫妻が牢に入れられたのは、町人の身分で敷物を敷いたり香炉を持参して名香を焚いたり、身分不相応な服装をしたりしたためであるという。ただ、ここには将軍自身に対する非礼についてはふれられていない。

また、この六兵衛は大変な金持で、ほかにも本所《ほんじょ》に屋敷を一つもっていた。六兵衛の家の召仕《めしつかい》たちが、この屋敷をつねづね「本所下屋敷」と呼んでいたほど大変広大な土地に座敷や庭を配した素晴しい構《かま》えであった。幕府は特にこの点をとんでもないことであるとし、町人の身で「下屋敷」などと称することは越度《おちど》であるとして、六兵衛の家屋敷や家財を没収して闕所《けっしょ》とした。その上、六兵衛夫妻には、「江戸十里四方追放」を命じたというのだから、御成見物の咎めとしてはひどく厳しい処分だったといえるだろう。それでも六兵衛夫妻は相州鎌倉に六〇〇〜七〇〇石の上《あが》りをもつ田畠をもっていたので、その鎌倉に隠棲《いんせい》したのだという。

以上が『江戸真砂六十帖』の記事の大略だが、同書は今（安永四年）でも、鎌倉の建長寺の西町に屋敷があり、子孫がそこに住んでいると述べている。

こうした内容を伝える『江戸真砂六十帖』の記事は大変よく知られたものであるが、つい先日、筑波大学の浪川健治氏が最近翻刻《ほんこく》された『添田儀左衛門日記』の中に、この石川六兵衛事件についての記載があることを知った。この添田儀左衛門という人物は、津軽藩（四万七〇〇〇石、後一〇万石）の藩士で、名は貞儀といい、七〇〇石取りであった。浪川氏の解説によると、貞儀はこの日記の書かれた最中の天和二年に二〇〇石の加増を受けて、七〇〇石取りとなったのだという。役職は御馬廻《おうままわり》三番組の組頭だった。その後、貞儀は元禄三年の九月二十一日付で、同御馬廻二番組の組頭となり、かねて兼務していた与力御預役もそのまま勤めることとなった。元禄十四年の七月十八日、江戸在勤中に病気で亡くなっている。

ところで、貞儀の日記は、たまたま延宝九年の五月一日から天和三年の三月二十日までの分が残っていた（袖珍本風《しゅうちんぼんふう》のもの）のを、浪川氏が解読されたものである。そのうち、この石川六兵衛に関する部分をまとめてみると、こんなことになる。

石河（川）六兵衛の記事は延宝九年の六月二日の日記に載っているのだが、この六兵衛夫妻はことのほか奢った町人で、先月（五月）八日に将軍が上野に御成になった節に、それを拝むために罷出《まかりいで》、下谷広小路を通るところを拝むといって莫大《ばくだい》（華美）な装いをこらしていた。上様（綱吉）はこれを見て、還御《かんぎょ》（帰城）してからこのことを尋ね、結局六兵衛夫妻は、京・大坂・堺・江戸は申すにおよばず、広く御追払を命じられたというのである。さらに、貞儀は項を改め、六兵衛は屋敷を一三も所持していたが、そのうち一一ヵ所を召上げ、残る二つは六兵衛の弟に遣わしたと述べている。この辺の情報は『江戸真砂六十帖』と食い違いがあるが、今、俄《にわ》かにいずれが正しいとも断じがたい。

ただ、『江戸真砂六十帖』の方は安永四年（一七七五）の閏五月七日の奥付をもっているので、延宝の事件からすでに九四年も後の記録である。一方、江戸の噂《うわさ》を書きとめたとはいえ、『添田儀左衛門日記』の方は、事件後一ヵ月もたたない六月二日付の記録である。したがって、ごく常識的に考えれば、『添田儀左衛門日記』の方がより当時の江戸市中での噂を正確に伝えていると見るべきだろう。いずれの記録にしても、事件の大筋は共通しており、このことが当時の江戸中で取沙汰されたことだけは間違いない。

なお、儀左衛門貞儀は、その日記の末尾に、この六兵衛事件の風評が、ことのほか江戸中に拡がっているので、あえてここに書き留めておくのだと断っている。

警備と跡固

跡　固

当代の将軍自身が、前代までの歴代将軍の年回法要や祥月命日《しょうつきめいにち》（正当の月の命日）にあたって、該当《がいとう》する霊廟（御霊屋《おたまや》）に参詣するために、寛永寺や増上寺を訪れるとき、幕臣たちがどんな警備をしたのか、また、そんなとき、大名たちはどんな対応をしなければならなかったのか、さらに大名たちは幕府から何か特別な役目を命じられていたのかなどといったことについての具体的な内容は、今のところあまり明らかにされていない。

現在、わずかながらわかっていることといえば、御成のときの道中や寺中での警備がすべて幕臣のみに割り当てられていたということと、御成時の火消《ひけし》（火防、お防《ふせ》ぎ方）の任務が外様《とざま》大名の役目となっていたことなどであろうか。

だが、幸いなことに、最近筆者が入手した「東叡山　御参詣　還御《かんぎょ》以降御固」と題する史料によって、将軍御成の当日の警備の様子がかなり明らかになったのである。それによれば、将軍の往還の警備は、やはりすべて幕臣の担当となっているし、寛永寺山内《さんない》の警備も、将軍の在山中にかぎっては、すべて幕臣によって行われている。ただ、この寛永寺山内の警備には、もう一つ「跡固《あとがため》」と呼ばれるもの、すなわち将軍の還御（江戸城へ帰ること）直後からの警護があり、これについてはどうやら江戸城内帝鑑《ていかんの》間詰《まづめ》の譜代《ふだい》大名（五〜七万石程度）の任務とされていたと思われる。また、この史料によれば、これも通説の通り、将軍御成の日の火消し役が外様の有力大名に割り当てられていたことも確認できる。

そこで、ここでは、将軍御成の当日に跡固を命じられた大名が一体どんな対応をしたのかを考えてみよう。

天保十五年（一八四四）の九月八日に将軍家慶《いえよし》参詣の跡固を命じられたのは、史料の内容から見てどうやら肥前国島原藩七万石の譜代大名であった松平主殿頭《とのものかみ》忠和（明治以降子爵）であったと思われる。

家治の祥月命日

さて、天保十五年の九月八日（この年十二月二日に弘化と改元）は、天明六年（一七八六）の九月八日に逝去《せいきょ》した一〇代将軍家治（吉宗の孫）の五八回目の祥月命日である。

そしてこの史料（記録）は、その家治（浚明院《しゅんみょういん》）の御霊屋《みたまや》へ祥月命日のための参詣に訪れた現将軍家慶が還御した後、山内跡固を命じられた帝鑑間詰の譜代大名松平主殿頭忠和家の記録ということになる。史料には、いずれの藩の記録であるとか、筆写したものが誰であるとかといった記述は一切ない。ただ、史料中の書付に「主殿頭」が差出人となっているものがあり、同時に幕府側からの手紙の宛名にも「主殿頭」と見えるので、この史料が松平忠和家のものであると断定できるのである。

幕府側への事前対応

さて、八日の御成の跡固を命じる公式通知は、なんと前日の七日の八《や》ツ過ぎ（午後二時過ぎごろ）になって、稲生《いのう》出羽守正興、遠山左衛門尉《さえもんのじょう》景元、松平豊前守政周、神尾《かんお》備中守元孝、渡辺能登守輝綱という五人の大目付が連署した剪紙《きりがみ》による書状をもって松平家へ伝えられた。幕府よりの使者は、坪山彦蔵と高野熊之助の二人である。

内容は、明八日に将軍が東叡山の浚明院の御霊屋（霊廟）へ参詣されるので、還御以後の固《かため》（跡固）を勤めるようにという阿部伊勢守の仰せ聞かせなので、心得ておくようにというものである。ここにいう阿部伊勢守とは、当時月番《つきばん》の老中であった、あの阿部正弘（備中福山一〇万石の当主）のことである。書状には、この返事は稲生出羽守方へするようにとの追而書《おってがき》が付けられていた。

御成の前日、それも午後二時過ぎとはまったく唐突な感じがするが、史料を読み進めていくと、この七日のうちに早くも松平家において、江戸家老と思われる桃井十兵衛が藩士を集め、翌八日の跡固についての配役を発表しており、そのときの申し聞かせのなかに、「昨日（六日）、御内沙汰有レ之、御固」云々という一節があるので、六日中にはすでに跡固についての内達があったことは間違いない。それとともに、後にふれるように、この六日と七日の両日には、御徒目付《おかちめつけ》の一人、永田忠左衛門なる人物が、打ち合わせと称して松平家を訪れていることでも内達の事実が確認できるのである。

なお、大目付からの使者には、留守居役《るすいやく》の神谷貢が対応しているので、かなり丁寧な扱いだと考えていいだろう。神谷は使者の持参した剪紙《きりがみ》を御用人に見せた上で、あらためて御返事申し上げるとの請書《うけしょ》を中奉書半切《ちゅうぼうしょはんせつ》に右筆書《ゆうひつがき》で認《したた》め、封をして幕府の使者に渡している。ただし、この請書《うけしょ》の差出人は藩主ではなく、神谷貢自身であった。

ところで、この請書を渡すまでの間、松平家はこの使者両名にお茶と莨盆《たばこぼん》しか出していない。今の感覚でいえば、お茶菓子くらいはと思われるかもしれないが、どうやらこうしたことは申し合わせになっていたらしいのである。

たとえば、谷中感応寺（現天王寺）の富突《とみつき》興行（富くじ）の立合のために寺社奉行所からくる役人（検使役ら二人）に対しても、寺側は寺社奉行所との事前の打ち合わせによって、お茶と莨盆《たばこぼん》しか出さなかったのである。さらに成城大学の吉原健一郎氏のご教示によれば、浅草寺に幕府から役人が出向いたときも、やはりお茶と莨盆しか出していないという。特に感応寺の場合は、毎月の富突にくる検使役らの処遇に対してばらつきが出たため、わざわざ寺社奉行所へ照会した上での対応であったから、吉原氏の指摘の通り、当時としてはこれが幕府から派遣された役人に対する定例化した対応形態であったと考えていいだろう。

さて、剪紙（達書）の来た七日の日のうちに、神谷貢自身が老中の阿部正弘の屋敷に出向き、正式にお請けした旨の口上《こうじょう》を述べている。

これと並行して、この日のうちに正式御請の請書を使者に持たせて稲生出羽守宅へ届けさせている。こうした使者は「平使者《ひらししゃ》」と呼ばれるように、普通の藩士が務めており、神谷のような重職にある人物が務めたわけではない。この請書の宛名は稲生出羽守以下の大目付五人で、差出人は藩主である松平主殿頭となっている。用紙は中奉書半切で、その上に美濃紙で折掛けの上包《うわづつみ》をつけた。

さらにこの日、月番の寺社奉行、松平和泉守乗全（美濃国岩村藩三万石ヵ。この年十二月二十八日免職）のもとへ、これも平使者にて跡固の際の出役の人数を報告している。おそらくこれには前例があったと思われるが、届出先が寺社奉行所なのは、跡固の現場が寺社奉行の管轄地の寛永寺であったことによるものだろう。

また、この日、普段からなにかと懇意にしている人びとに対しても平使者をもって「心添え」を依頼している。

こうした人びとのことを松平家では「御用頼《ごようだのみ》」、略して「御頼《おたのみ》」と呼んでいるが、おそらくこれは各藩共通の呼称だろう。というのは、こうしたことはどの大名家にも共通したことで、場合によっては若年寄クラスから勘定奉行・大目付・目付といった要職者はもちろんのこと、大身の旗本なども昵懇《じっこん》の関係を結び、そこからさまざまな情報を得ていたのである。そして、この情報源をしっかりと把握しておくことが、江戸留守居役の大切な仕事の一つでもあったのである。情報源のあるなしによって、場合によっては藩自体の命運にもかかわってくるからである。

たとえば将軍家の慶事にあたって、一体どの程度の賀儀を献上したらよいのかなどというとき、同格の大名のなかにあって極端に低くては具合が悪いし、また逆にあまりに突出してしまっても都合が悪いわけである。そんなとき、各藩の留守居役は、それぞれに御用《ごよう》頼《だのみ》を通じて情報をとり、それを幕府に目立たない吉原などに持ち寄って、大体の基準を定めていたのである。そんな席で当藩は情報はとれませんでしたなどとはいえるはずもないのである。

さて、この日、松平家が最初に平使者を派遣して心添えを依頼したのは、たまたま同家の御用頼でもあった、大目付の松平豊前守政周であった。前に挙げた達書の差出人の一人、松平政周その人である。

ついで同じ御用頼の目付桜井庄兵衛へも平使者をたて、幕府から当日の出役《でやく》としてくる予定の庄兵衛に対し同役全員への声掛けと心添えを頼んでいる。

さらに、これも御用頼の御先手《おさきて》、戸塚豊後守と同役大井隠岐守へも書面で報告し、同役中への声掛けを依頼している。

寺側への根廻し

一方で、当日実際の現場となる東叡山寛永寺へも、七日の内に根廻しを行っている。

まず、東叡山と日光山の両山の山主《さんしゅ》（多くの場合は比叡山の天台座主《てんだいざす》も兼ねるので、三山《さんざん》管領宮《かんりようのみや》と呼ばれた）である輪王寺宮一品《りんのうじのみやいっぽん》公紹法親王に対し、執当（今の執事長にあたる）の竜王院《りゅうおういん》と恵恩院《えおんいん》の両者に使者をたて、口上をもって宮への取りなしを頼むのである。ただしこの使者は、同時に両執当自身に対する使者も兼ねており、両執当への口上も合せて述べるとともに、当日（八日）島原藩から宿坊（見明院《けんみょういん》）へ派遣する藩士の員数等については改めて報告しない旨を、わざわざ申し入れている。

この日、合わせて家綱（厳有院《げんゆういん》）や家治（浚明院）の御霊屋の別当寺である津梁院《しんりょういん》（津軽家の菩提寺）に対しても、同じ趣旨のことを文書をもって報告している。なお、このとき同院の手代（院代のことか）に対しても、「宜敷挨拶《よろしくあいさつ》」しておいて欲しいと申し入れている。

さらに、これらの文書や申し入れとは別に、使者が口上で伝えたことがあり、その内容が興味深いので紹介しておこう。

先例、当暁御使者固平士《かためへいし》相勤候得は、去ル戌年《いぬのとし》六月二十日上野御固《おかため》之節、前日右之通申述候ニ付、此度《このたび》も右之通当暁は至而《いたつて》混雑ニ而《て》双方迷惑ニ付。

ようするに、当日、暁方から跡固にくる藩士のなかから平使者をたてて、津梁院への対応をするのが本筋ではあるが、その日は何かと混雑しているので、島原藩にとっても、津梁院にとっても、双方ともに迷惑なことである。よって六年前の戌の年の例に倣《なら》って、本日（七日）の文書や申し入れをもって了解を得たことにしたい、というわけである。後にふれるが、戌の年とは天保九年（一八三八）の八代将軍吉宗の祥月命日のときに省略した前例によって、今回も省略したいということなのである。

また、これにつづいて、松平家の寛永寺における宿坊である見明院へも、七日の内に万端の打ち合わせのため、これは留守居役の神谷貢自身が出向くので、別の使者はこれを派遣しないことにするとある。宿坊は、松平家にとっては跡固の際の本拠地となるためであろうか、そのためにわざわざ前日に神谷自身が打ち合わせに赴いているのであろう。

なお、吉宗は寛延四年（宝暦元年〈一七五一〉）の六月二十日に逝去《せいきょ》しているから、この天保九年の六月二十日は、その八七回目の祥月命日にあたるわけである。

この史料によって、島原藩松平家の前回の跡固が六年前の天保九年であったことが確認できるのである。いいかえれば、ほぼ六年に一回くらいの割合で、この跡固の役が松平家に廻ってくるというわけである。そのことがわかるという意味においても、この史料は大変貴重なものであるといってていいだろう。

さて、寺側の根廻しの仕上げの相手は目代《もくだい》である。

寛永寺の目代は、代々田村権右衛門を名乗る寺侍で、通常の任務は山内の警備にあたることであった。この目代は一〇〇石取りで、四〇人あまりの「山同心《やまどうしん》」と呼ばれる配下の者を差図して、昼夜をわかたず山内を警備したのである。

ついでにふれておくと、目代の仕事には宮様の外出時の警護役があるほか、一万一七九〇石余にのぼる東叡山領（寛永寺の寺領）の管理があった。いわば東叡山領の領民にとっては、田村権右衛門は実質上の領主だったことになる。実際に寺領の領民が田村権右衛門のことを御領主さまと呼んでいた記録もあるくらいである。この寺領から毎年上納される年貢は三《み》ッ半《はん》（三五％）とされて、約四一〇〇石余にもおよんだから、それを一手に仕切る目代の権限はかなり大きなものだったのである。

というわけで、目代と同様、山内の警備につく島原藩としては、まず事前にこの目代に話を通しておくことが絶対に必要だったのである。その重要性を物語るように、この日、目代を訪れたのは、留守居役の神谷貢自身であった。

神谷は応対に出た取次の者へ、松平家が跡固を拝命したことを口上で述べ、当日は夜中から山内へ諸道具を持ち込むので、足軽などが持参する看板、挑灯《ちょうちん》などにつける合印《あいじるし》と神谷貢自身の印鑑を持参して預けている。また、当日、宿坊の見明院へ赴くときに通らねばならない新黒門と跡固の現場である黒門の両番所に差出す印鑑も同時に預けている。

ここでいう印鑑には二種類あって、一つは目代に預ける神谷自身の印鑑の実物であり、もう一つはその印鑑を捺印《なついん》した番所用の紙片のことであった。この捺印紙は、これを持参した藩士が番所で控えの捺印紙とつき合せた上で通行するためのものであった。

さらに合印とは、「開一本扇」の紋のことであり、松平家の一行はこれを持参する荷物につけてくるのである。

これらをうけて、目代の取次は、早速各門（東叡山八門といって八ヵ所あったが、この場合はすべての門を通過するわけではないので、黒門と新黒門の二ヵ所と考えていいだろう）へこのことを通達しておくと約束している。

その他の手配

さて、早暁に上野に着いているということは、当然のことながら、夜中に松平家の屋敷を出発するということになる。ということは、これまた夜中に通過する城下の各門へも届出をしなくてはならないことになる。

では、どんな届出をしたのかというと、まず原則的には、当夜通過の際は、定例にもなっていることなので、一々お断りは入れないで通過致しますということを述べる。ついで、通過の員数については、見計らって手札をもって差出すこと、荷物については、通過時に所管者から口上をもってお断りすることなどとしている。

右のような内容を手札（奉札）で「御門番頭中様《ごもんばんがしらちゅうさま》」宛に呈出し、そのとき番所の留守居役の名前を聞いておくのである。

当り前といえばそれまでだが、松平家の手配りはなかなか入念である。この日、お出入り（御用頼のことだろう）の御徒目付《おかちめつけ》組頭の高倉助五郎と同目付の稲垣藤一郎にも事情を報らせるとともに、当日出役の同役中への通知を書面で依頼している。さらに、本来は御小人目付へも同様の通知を出すべきなのだが、たまたま御小人目付である御用頼の永田忠左衛門が松平家を訪れていたので、万事を永田に一任し、通知は省略したとある。

この部分の史料をもう少し詳しく見ると、実は永田忠左衛門はすでに昨六日に内端話《うちわばなし》があるからといって松平家を訪れたので、松平家では吸物二椀をつけたお膳を出してもてなしている。

こうしたことを見ると、松平家が今回の御成の跡固役を担当することは、すでに六日の段階で御小人目付の永田忠左衛門までが知っていたことがわかる。したがって、かりに六日中に幕府からの内達がなかったとしても、松平家は御用頼の永田から情報を入手できたわけである。松平家が御用頼をはじめ、きめ細かく手配りをしている意味がよくわかるのである。

さて、その永田忠左衛門は、翌七日にもふたたび松平家を訪れたので、同家では前日と同様の接待をしたとある。はたして二日間にもわたって打ち合わせをしなければならないようなことがあったのかどうかは、その打ち合わせの内容が一切書かれていないので不明である。ただ、二日とも、昼間から吸物二種までをつけて接待しているのだから、松平家としては結構丁寧に対応していたといえよう。

松平家としては、当面の問題だけではなく、こうした機会を捉えて、最近の幕閣の動きについての情報なども得ていたのであろう。

この日（七日）、御成当日の東叡山の火之番役（火防方）を藤堂和泉守が担当するとの情報を得たので、早速、松平家が当日差出す員数について、奉札をもって藤堂家に報告している。

なお、こうしたことはすべて前例によって行われていたらしい。

藤堂家の記述に加えて、御両敬《ごりようけい》（同格）の家を見計らって、御同席中へ回状をもって報告する旨が記されている。これには注記があって、このたびも老中、若年寄、御勝手勤めなどには、前例がないので一切連絡しないとある。

この日、松平家の月番（江戸家老だろう）の桃井十兵衛から、昨日（六日）、幕府から「御内沙汰」があったとして、当日（八日）の御固（跡固）出役と御宿坊（見明院）詰の藩士の名が発表された。それによると御固出役は、

物頭佐久間六郎左衛門ら四人と平士六人。徒横目《かちよこめ》三人と徒士《かち》六人。足軽小頭三人と足軽六〇人。下座見《げざみ》一二人。制足軽一〇人。注進番一〇人。掃除中間《そうじちゆうげん》一〇人。水打中間一〇人（制とは通行人の制禦をすること）

の計一三四人であり、別に御宿坊詰は、

御番頭岩田貞右衛門。御留守居神谷貢。御医師大木弁庵。大隈道喜。御右筆弓削《ごゆうひつゆげ》茂助。他に、足軽小頭務と道具方は掃除奉行が一切を兼任。改役人、勘定人各一人。坊主二人。森口久馬右衛門。江戸組小頭一人。中間頭一人。大工一人。下横目一人。門番足軽（玄関番組頭を兼任）六人。小使二人

とあって、計二三人となり、御固出役と合わせると、なんと一五七人にものぼる藩士が動

員されているのである。この一事を見ても、御成の跡固を命じられた大名家の負担がいかに大きなものであったかがうかがえるのである。

さらにこの史料には、宿坊詰の藩士の装束《しょうぞく》の規定も残されている。それによれば、藩邸より寛永寺に向かう道中は平服とあり、宿坊の見明院に到着したならば服紗《ふくさ》上下《かみしも》に着替えることになっている。なお、改役人は熨斗目《のしめ》を着用するのが普通であるが、勘定人など他の役目の者も改役人と同格なので、宿坊においては個々の者の格式によって熨斗目を着用してもよいとされている。ようするに、本来は熨斗目の着用が望ましいが、宿坊にあって、門外に出る機会のない者は、あえて熨斗目に着替えなくてもよいというわけなのだろう。原文の「熨斗目着用不レ苦候」という表現は、むしろ着用しなくてもよいという意志を感じさせる表現である。

御成の当日

さて、いよいよ御成当日の八日である。

まず、出役の藩士は「昨夜亥半刻《いのはんこく》三田通勤出宅ニ而罷越《まかりこし》」とあるから、今の時刻でいえば七日の夜の一一時ごろに三田にある藩邸の藩士の住居を出発し、江戸城の大手門にほど近い藩の上屋敷に向かうのである。

一同が上屋敷に揃うと、奥の御客座敷において桃井十兵衛が立合い、大横目から本日の件に関しての読み聞かせがあり、それを御番頭（岩田貞右衛門）が代表してお請けした。

ただ、この席には御留守居役の神谷貢の姿はない。

これが終わってすぐの九時《ここのつどき》（午前〇時ごろ）過ぎに、御番頭の岩田と御留守居の神谷の二人は、他の藩士たちに先駆けて、駕籠《かご》で上野に向かって出発するのである。この行列は鑓箱《やりばこ》なども持たず、ごく少人数の供の者が揃ったのを見計らって先に出発するのが先例となっていたようである。

なお、御客座敷では出役の服装についての注意も通達された。それによると、出役の藩士はそれぞれ見明院において着替えよとある。特に御固出役の者は、夜中は平服にて上野へ向かえとある。

一方、夜明け前に上野に着いた岩田と神谷は、一度見明院に入って仕度をととのえた後、待機していた御小人目付の永田忠左衛門（御用頼）の案内で、寛永寺の本坊（今の東京国立博物館の地、宮の御住居《おすまい》でもあった）へ罷出《まかりい》で、書いたものを呈出する（岩田は宿坊に残って万端の差配にあたったと思われる）。一つは松平主殿頭《とのものかみ》の宿坊見明院と書いた大奉書半切《せつ》二枚に上包みの紙を折り掛けたもの、もう一つは固《かため》の絵図面で、上包みの折かけ紙をつけたものであった。これらは藩の右筆・弓削茂助があらかじめ用意したものを、神谷が受け取って本坊へ持参したのである。なお、絵図は程村紙《ほどむらがみ》二枚と外に美濃紙二枚を使い、先例によって三組認めて提出したところ、今回は二組でよいといわれたとある。

その際、神谷貢は、別に「松平主殿頭家来神谷貢」の名で、六項目にわたる伺書を「覚」という形で提出している。それによると、

一、今回提出した絵図面通りの人員の配置でよいでしょうか。
二、下乗や下馬については、松平家はかかわりなしと考えてよいでしょうか。
三、寛永寺山内の掃除については、特に目立つものは取り捨てますが、その程度でよいでしょうか。
四、松平家から二天門に番士をたてますが、その者に鑓を持たせてよいでしょうか。
五、松平家が藩士を配置したり、撤収《てつしゅう》したりするときはお差図いただけるでしょうか。
六、万一、雨天の場合は、藩士に雨具を着けさせてもよいでしょうか。

という六項目であった。

史料にはこれに続いて、その回答が「御附札」として記録されている。それによると、「口達之外者伺之通可レ被二心得一候」とあるから、その折に口頭で通達したこと以外については、松平家からの伺書の通りでよいとされていたことがわかる。

ごく常識的に考えれば、松平家は六年前にも同じ跡固の役を命じられて務めたことがあるわけだから、一応そのときの前例に従って、伺書を出したと考えていいだろう。ようするに、ある程度までは、幕府側の回答の内容は予想されていたと思われる。ところが、後

にふれるように、この伺書に対して、「口達」として示された内容はかなり細い点にまでおよんでいたのである。

しかも、神谷貢はこの附札や口達による返事を簡単に貰えたわけではなかったのである。

口達の内容

この六項目にわたる「覚」（伺書）と公式の届書を携《たずさ》えて本坊を訪れた神谷は、まず玄関に行き、来意を告げて式台《しきだい》のところで控えていたところ、やがて御小人目付（永田忠左衛門以外の人物だろう）から差図があって、玄関に上り、幕府の出役、御徒《おかち》目付組頭の依田源十郎と御徒目付（名は不詳）の二人に対し、「今日　御参詣御跡固被二　仰付一　只今人数宿坊迄致二参着一候、宜御差図被レ下候」と口上を申し述べた上で、ふたたび式台まで下り、そこに控えるのである。

ほどなく御小人目付の差図があり、ふたたび罷出たところ、先刻の「覚」に附札を貼ったものが返却された。さらに、前述の御呈書（藩名と宿坊名を記したもの）一通と絵図（固絵図）一枚が返却された。加えて御目付の松平式部少輔からの御差図であるとして、依田源十郎から申し聞かせ（口達）があったので、「奉　畏《かしこみたてまつり》　候段申述」べて引き取ったというのである。

神谷がかりにも七万石の譜代大名、島原藩松平家の江戸留守居役であることを考えると、幕府の出役の態度がいかに高飛車なものであったかがうかがえて、驚かざるをえない。それとともに、この遣り取りによって、永田忠左衛門を含めた幕府の出役が、すでに夜明け前から現地である上野に詰めていた様子もうかがえて、将軍御成ということがいかに大変なことであったかがわかるのである。

ところで、幸いこの史料には、「御口達」として、その内容が記録されているので、以下それによって検討してみよう。

八日の当日、幕府からの出役として上野を訪れていたのは、大目付の遠山左衛門尉《とおやまさえもんのじょう》と稲生《いのう》出羽守の二人、目付は松平式部少輔と坂井右近の二人であった。そして、この「御口達」はそのなかの松平式部少輔から出されたものとして、御徒目付組頭の依田源十郎から神谷貢に対して伝えられたというわけである。その内容は、

一、下乗（下馬）の儀は伺出の通りでよいが、万一、松平家の供廻りの者以外の雑人等が立入ったときは、それを制した上で、その者はその場に差置いてはならない。

特に、今回の固場所は何時もと違って、三橋の外の一般通路とも近いし、黒門外が下馬所になるので、心得違いの者もあろう。その折は、その旨を申し聞かせるように気をつけよ。

さらに、将軍やその他の供廻りの者でも、跡固の場所に立ち入るような者があれば、これを制して、その場に止まらせてはならない。

ただし、御三家（尾張・紀伊・水戸の各徳川家）や御三卿《ごさんきょう》（田安・一橋・清水の各徳川家）の場合には、外から同行してきた供廻りのまま山内に出入してよいことになっているので心得るように。

また、その他は、山内の定められた下乗所（普段は山門前であった）まで召し連れてよい人数の他は、すべて下馬所（黒門前の松平家跡固担当場所）で制して、山内に立ち入らせてはならない。

一、松平家より差出す黒門外の跡固の人数は、将軍の還御（江戸城への帰城）の前に下馬通りに待機させるように。

そうしておけば、還御後に出役の徒目付から差図をするので、早速人数を配置するようにせよ。

一、当日は黒門前が下馬所になっているが、もし万一、山内に用事のある者が通るときは、訪ねる先をきちんと確かめてから通すように。

そうした条件がととのわない場合は、一切の通行を認めてはならない。

右のように相心得よとのことであった。

前にもふれたように、口達の内容がかなり細い点にまでおよんでいる様子がうかがえる。ただ、関係者以外の人物の立入りを規制することは当然だが、それにしては寛永寺山内に用向のある者は行先を確認するだけで通してよいというのは、随分柔軟な対応である。もっとも、これは松平家の担当する役目が、将軍還御後の跡固であって、当の将軍自身はすでに帰った後のことだったからであろうか。おそらく将軍御成の最中であったら、一切の通行を遮断（禁止）したのであろう。

さらに、当然のこととはいえ、御三家や御三卿が別格の扱いをうけていたこともわかる。また、この史料によって、幕臣から松平家への警固体制の引き継ぎがどのように行われていたのかもわかるのである。

御成の現場

一方、この日の夜明けごろに、寛永寺の目代田村権右衛門のところへ松平家から平使者が赴き、この日の跡固などの内容について説明をしている。ただ、それは、前日の神谷の訪問によって、すでにほとんどわかっていた内容の繰り返しだったと思われる。

それを裏付けるように、史料にはこの日の説明の内容についてはなにも書かれていない。おそらくは、口頭での挨拶程度だったのであろう。

また、本来は御固出役の御先手組などに対しても、平士を派遣して説明するのが慣例となっていたが、たまたま来合わせていた御小人目付（おそらくは永田忠左衛門であろう）が取り計らってくれるというので、手札を作ってこれを頼んだとある。

一方、将軍自身は五ッ時《いつどき》（午前八時ごろ）に供揃《ともぞろい》で江戸城を出発し、四ッ時《よどき》（一〇時ごろ）には霊廟（御霊屋、御位牌所と御墓）に参詣する。やがて、還御がすむと、島原藩の藩士たちはただちに御目付から差図をうけ、御小人目付の誘導で跡固に立つのである。昼時《ひるどき》ごろになると、番頭（岩田貞右衛門）と御留守居（神谷貢）の二人が跡固の現場を見分しにくる。これには御用頼《ごようだのみ》の御小人目付、永田忠左衛門と藩の下座見《げざみ》の者も同行している。

ところで、きわめて興味深いことがある。

いよいよ将軍御成となって、「御人払の触書」が出されると、島原藩の藩士一同が待機している宿坊（見明院）の門が閉ざされ、門外は幕臣である御先手組の同心等が警護するのである。わざわざ跡固を命じておきながら、跡固にあたる藩士らでさえ御成の最中は行動を厳しく制限されていたわけである。加えてなんとその間は門内で、「行儀《ぎょうぎ》能居《よくおり》候様」にと命じられているのである。島原藩の横目は、自分の藩の家臣らの監督にあたるということになる。

さて、跡固現場における段取りについては、御小人目付の内、御用頼の永田がすべてを見計らい、同役の松永半六の代理である桜井甚五右衛門や小嶋東助の代理である吉見藤次郎をともなって見分し、一覧の上、永田と桜井の両名が引き取り時の万端にわたって世話をしてくれるのである。

これによると、幕府側の出役は当日代理人を出すことも許されていたのだろうか。

やがて、「七分打固引取候様」にと、御目付からの御差図が出され、島原藩はこれをうけて、ただちに撤収にかかり、全員が宿坊の見明院へ引き上げるのである。そして、宿坊での着替えその他の仕度が終わると、ただちに行列を組んで藩邸へ引き上げるのである。もっとも、「七分打固引取」というのだから、同じように山内各所の警備についていた諸藩のなかには、まだ残留しているものもあったのだろう。

なお、この撤収にあたっては、藩邸からも迎えの者が馬などを連れて、出向いてくることになっていた。

九ッ半ごろ（午後一時ごろ）に藩邸（屋敷）を出た迎えの一行は、馬を下寺通り《したでらどお》りにある見明院の門前に引き入れ、近くの樹木に繋いでおくのが先例であった。

このように、下寺通りを使って山内に出入りするためには、どうしても新黒門を通ることになる。事前に跡固の現地である黒門とともに、新黒門の番所へも話を通して、神谷貢の印鑑（捺印紙）を預けておいたのはこのためだったことがわかる。

事後の処理

〔寺側〕ところで、このように跡固が無事すんだからといって、藩士全員がそのまま藩邸に帰れたわけではない。松平家はこのとき、藩士の中から平士二人を選び、引取りを報告するための使者に任命する。そして、この両人は藩が用意した駕籠《かご》を使って、二手に別れて事後の処理にあたるのである。

まず、寺側としては、日光御門主に対して、「今日、上様の御霊屋御参詣の還御以後の跡固を承り、人数を差出しておりましたが、御目付中からの御差図がありましたので、只《ただ》今《いま》引取らせていただきました。此段御執当中まで申し上げに参上致しました」と、口上を述べる。ついで、当の執当二人に対しても、まったく同じ内容の挨拶をし、さらに一〇代将軍家治の御霊屋の別当寺である津梁院にも同じ内容の口上を述べに赴くのである。なお、このとき、同院の手代《てがわり》（院代《いんだい》のことであろう）にも同様の口上を述べる。

寺側への対応の最後は、寛永寺の目代、田村権右衛門への届出《とどけいで》で、ここでは口頭による届出を済ませた上で、かねて預けておいた神谷貢の印鑑を返して貰うのである。

〔幕府側〕平士の一人が寺側への対応にあたっている間に、もう一人の平士は、並行して幕府側への対応にあたる。

まず、本日の御掛り御出役の大目付、稲生出羽守と、これも同じ御出役の目付、松平式部少輔へ、日光御門主の場合とまったく同じ口上を申し述べる。一方、御用番の老中、阿部伊勢守に対しては、御固人数引取の御届を、これは留守居役の神谷自身が阿部家の屋敷に出向いて申し述べるのである。内容は前にあげたものをやや簡略にしたものである。これに対し、阿部家で応対にあたった者は、口上の趣旨を書留めておいて、後刻主君に取り継ぐと約束している。

これらがすべて終わって、島原藩の藩士全員が上屋敷まで引き上げたのは、なんと暮時《くれどき》（六ッ時＝午後六時ごろ）であった。ここで全員が揃って御月番（桃井十兵衛）の前に出て、「御固無レ滞被レ為レ済候段恐悦」と言上し、この日の一切の任務が終わるのである。まさに深夜よりの丸一日がかりの、しかも、各方面への木目細《きめこま》かい心遣いをともなった大仕事で、島原藩にとっては、たった一日だけのこととはいえ、きわめて面倒な役目を命じられたことがわかる。

ただ、面白いことは、この丸一日がかりの大仕事の間、松平家の当主（島原藩の藩主）が藩邸の内外を通じて、ただの一度も姿を見せていないことである。こうしたことが当時の慣例であったのか、あるいは藩主がたまたま参勤交代で在国中であったのか、この辺りのことについては現在のところ不明である。

幕府の出役　幕府からの出役とその配置については、前にふれた大目付、目付といった人びとを除くと、ほぼこんな構成であった。すなわち、「今日上野御出役左之通」という書付によれば、それらの人びとはこんな具合であった。

一、御本坊の御玄関に御徒目付組頭の依田源十郎と御徒目付の小野伝之助、真井状太郎、鶴間瑳助の三人。

一、御当日様（浚明院）御霊屋に岩瀬繁三郎と本嶋鍬太郎の二人。家治の御霊屋詰というわけである。
一、二天門には今井作次郎と高部市蔵とある。もちろん、二天門は家治の霊廟（家綱と建物は共用）のなかの最初の門のことで、門の左右に二天が祀《まつ》られているので、そう呼ばれるのである（門は通用門を除いて六つある）。ここの警備担当が今井と高部ということだろう。
一、文殊楼（山門のことで吉祥閣ともいう）には中村源十郎と小沢貞蔵の二人。この二人は下馬所（黒門の外）の出役も兼任している。
一、中堂、すなわち寛永寺の本堂にあたる根本中堂《こんぽんちゅうどう》には、葦名鎌太郎と清野谷善次の二人。
一、御装束所といって、将軍が参詣の折に休息したり、装束を替えたりする場所の担当は高部市蔵と長坂半八の二人。
もっとも、この二人のうち、高部市蔵は前に挙げた二天門とこの御装束所を兼ねているわけである。この二ヵ所の距離は直線で二〇〇㍍もないくらい近いのだから、長坂があらかじめ御装束所に詰めていれば、高部は二天門に将軍を出迎えて随行して来ても、別に何の不都合もないわけである。還御のときも、将軍の行列を先導して二天門にもどればよいことである。なお、この御装束所の建物は、御霊屋の庫裡《くり》とも繋がっていて、別当の津梁院住職以下の僧侶も普段からここに詰めている。

ところで、右に挙げた人びとは、各所の責任者であって、当り前のことながらこれらの人びとの差図の下に、それぞれの場所にはかなりの人数の幕臣が詰めていたことを忘れてはならないだろう。また、この他にも、御小人目付二五人、御当番所書役一人、御使方一五人などとある。しかし、ここには前にふれた下役の幕臣以外にも、将軍に随行してくる供廻りの人数や御先手組、御徒組など、当然来山しているはずの人びとについての記載もまったくないのだから、ここに列挙されている人数が幕府側の出役の総人数であるとはとうてい考え難いのである。

たとえば前にも述べたように、将軍御成中の松平家の宿坊見明院の警備は、明らかに御先手組が担当しているわけである。さらに、跡固を松平家に引継ぐまでの黒門前の警備も幕臣によってなされていたことは明らかであるが、それらの人数については何の記載もない。したがって、現時点では、この日どれだけの人数の幕臣が動員されていたかについては、把握しがたいというほかはないのである。

島原藩の負担

さて、前に島原藩松平家がこの家治の祥月命日の山内跡固のために繰り込んだ人数が、わかっているだけでも一五〇人を越えていることを紹介したが（これには出迎えの人数は入っていない）、それと同時に、この役目を務めるために、松平家はいったいどの程度の経費を使わなければならなかったのかということも興味のあることである。

ところでこの史料には、藩内の出役などについての手当などはまったくふれられていないな い。しかし、大変幸いなことに、対外的な支出についてはその概略が残されているのである。もちろん、これもどこまで完全なものであるか若干の疑問は残るが、それでもほぼ概略を把握するには十分な史料だと思われるので、表3にして紹介しよう。

4、5は藩の使者がわざわざ上野まで赴いているのに、あえて院代に依託している。これは相手の身分と松平家の立場を考慮してのことと思われる。

11については、永田と桜井には特に厄介になったので、松平家は番頭（岩田貞右衛門）を派遣して、「別段遣物《つかわしもの》有レ之」という記事が見られる。小嶋と吉見については何の言及もないが、この二人はやはり現場を見廻りにきているので、永田らと一緒に扱ったのであろう。ただし、この二人には別途の挨拶はなく、結果的には8の御小人目付と同格の扱いとなっている。

6の依田源十郎から11の永田らまでへの礼（挨拶）は、内容を書いた目録をつけて、御徒目付の組頭で松平家の御用頼でもある高倉助五郎の自宅へ藩の下役、関円蔵が赴き、そ

金額	合計	届け方	摘要
白銀3枚 昆布1枚	2両1分	平使者持参	宿坊住職(29世慈広)
金300疋	1両3分2朱	同上	宿坊院代(光亟坊)
金200疋	1両1分	同上	東叡山目代
金100疋	2分2朱	手紙をつけて光亟坊に委託	目代の手代
2朱包×2人	1分	同上	跡固現場と宿坊への通過の番所
金300疋	1両3分2朱	御徒目付組頭(御用頼)高倉助五郎宅へ下役関円蔵が持参し，それぞれへの配分を依頼	御徒目付組頭
金200疋×8人	10両		高倉助五郎他
金100疋包×21人	13両2朱		永田ら4人を除き，名差しで「遣之」とある．小役人は書役か
金100疋×2人	1両1分		史料には見当らない役
金200疋束×15人	18両3分		史料中の御使方15人にあたる
金100疋×4人	2両2分(1人2分2朱)		永田は御用頼，支給額は8の御小人目付と同じだが，後に注記があるので別記したのだろう
金200疋	1両1分	挨拶状をつけて届ける	岡部家の家臣

表3　対外謝礼一覧

	宛　　先
1	見明院
2	同院代
3	田村権右衛門
4	同手代
5	黒門・新黒門番人
6	依田源十郎
7	御徒目付方
8	御小人目付方 当番所小役人1人
9	御切紙御使用人
10	出役御使総中
11	永田，桜井，小嶋，吉見の4人の御小人目付
12	竹内多橋

れぞれへの配布を依頼している。ただ、普段御用頼としての挨拶をしているためか、今回の件についての御礼は当の高倉も他の御徒目付と同格の扱いである。

12の竹内多橋は、和泉国岸和田の譜代大名岡部内膳正長傛（五万三〇〇〇石、帝鑑間詰、明治以後子爵）の家臣で、どうやらこの史料をまとめた松平家の家臣（記録係、姓名不詳）と同じ役職を務めていた人物と思われる。そしてその点は、この竹内多橋の肩書に「岡部内膳正様類役」とあることを見ても間違いないだろう。

ところで、ここに宮様や執当、さらには老中や大目付の名がないことが注目される。これらの人びとには、丁重な挨拶はするが、金銭での御礼などはしなかったのであろう。

また、この史料によれば、島原藩は同藩の史料（記録）だけではなく、同格の家柄でかつて跡固役を務めたことのある岡部家の記録も借りうけて、この役目を全うしようとしていたことがわかるのである。

なお、貨幣の換算については、白銀一枚は金三分、金一〇〇疋は二五〇〇文（疋は二五文）として計算した。ついでながら、白銀一枚とは白銀を紙で包んだものをいい、主として贈答用に使われたものである。

こうして換算してみたのが、表3の中の合計欄であり、これによると松平家は、たった一日の跡固のために、ここに記録されているものだけで、なんと五五両もの出費を余儀なくされたことがわかる。しかも、ここには対外的な出費が記載されているだけで、藩内の出役などについての費用はまったく書かれていない。たった一日の将軍御成の跡固を命じられただけで、大名家がいかに大変な経費と労力を費さなければならなかったかが、改めてわかるのである。

将軍と輪王寺宮の葬儀

家綱の死と葬儀の準備

将軍が死んだときには幕府や菩提寺はどう対処したのであろうか。ここでは四代将軍家綱《いえつな》の場合を紹介したいと思うが、歴代将軍のなかから家綱をえらんだのにはそれなりの理由がある。

なぜ家綱なのか

すなわち、徳川歴代将軍の葬儀や霊廟を考える場合、家光以前のそれらはいずれも過渡的なものと位置づけすべきだからである。さらに問題を江戸市中に絞って考えれば、家康の場合はほとんど江戸とは無関係であり、秀忠の場合も、増上寺の発掘調査などでもすでに明らかなように、家綱以降の将軍とは大きな違いがある。また、家光の場合は、その葬儀には寛永寺がかかわったものの、正式の霊廟はその遺言によって日光山に営まれており、上野には供養塔と位牌所《いはいじょ》が造営されたという特殊な事情がある。

したがって、家綱と家光までの三者とは明らかに一線をかくして考えるべきであろう。いいかえれば、家綱の葬儀や霊廟は上野における家光のそれを踏まえて、江戸においてははじめて本格的に営まれたものだったのであり、その点では注目すべきケースなのである。そして、以後の歴代将軍は、程度の差こそあれ、いずれもこの家綱のケースを手本とせざるをえなくなったのである。

家綱の死

延宝八年（一六八〇）五月八日、四〇歳を一期《いちご》として家綱が死んだ。時の東叡山の山主《さんしゅ》は天海《てんかい》、公海《こうかい》の後をうけた第三世守澄法親王《しゅちょうほうしんのう》である。この法親王は後水尾《ごみずのお》天皇の第三皇子で、出家してから尊敬《そんきょう》と名乗り、さらに改名して守澄と称していた。世にいう輪王寺宮一品法親王《りんのうじのみやいっぽんほうしんのう》の初代はこの法親王その人なのである。

この法親王が山主として君臨していた東叡山に対し、幕府（記録では令嗣《れいし》大納言綱吉）は、家綱の死の翌日になって、時の老中土井能登守利房《としふさ》を使者として派遣した。上野に赴いた利房の輪王寺宮に対する口上はこうであった。

この度、家綱公が薨《こう》じられたが、その御遺骸《ごいがい》は家綱公御自身の御遺命《ごゆいめい》によって東叡山に殯葬《ひんそう》申し上げたい。ついては、葬礼などに関する適当な日時を撰定して幕府の方へご返事を頂戴したい。

さて、右のような口上を受けた寛永寺側はただちにこれに対応した動きをみせる。すなわち、時の本覚院住職舜盛《しゆんじよう》が宮の使僧として江戸城に赴き、家綱の遺骸は十四日の酉刻《とりのこく》（午後六時ごろ）に江戸城を出て東叡山に向かい、こえて二十六日の酉刻に葬儀を執り行うのがもっとも妥当であると言上した。

ついでながら、このように将軍の葬送儀礼が、いわゆる夜儀《やぎ》をもって行われることは、それのもつ意味は別として、すでに家康・秀忠の時代からの慣例だったのである。

葬儀の準備
―幕府側

さて、こうして日時が決まると、幕府はただちにこの葬儀にたずさわる人びとの配役を決めて公表する。

すなわち、惣司《そうじ》（後の奉行）には大久保加賀守忠朝、副司には板倉石見守重種と松平山城守重治、さらに墓域の造営を担当する築封地奉行には阿部美作守正武がそれぞれ任命された。そして、上野山内《さんない》におけるこれらの人びとの詰所（宿坊《しゆくぼう》）もそれぞれに割り当てられるのである。たとえば、動員する人数の多い大久保家は一乗院と修禅院《しゆぜんいん》の二ヵ院、板倉家は青竜院《しようりゆういん》といった具合である。

つぎに、葬儀などが一切すむまでの山内の防火と警備の担当者が公表される。消火士（防火担当者）は那須遠江守資弥と平野丹波守長政、守番（警備担当者）は二王門から黒門までと屏風坂《びようぶざか》・車坂《くるまざか》を百人組、宮の住居でもある本坊（現東京国立博物館の所）の正門と裏門および清水口《しみずぐち》は持弓、持筒の人びと、さらに本坊の玄関は徒歩組といった具合である。

ついで、将軍の遺骸を安置する本坊内での役職関係者の控間《ひかえのま》が決められる。寝殿一之間は惣司と副司、二之間は書院番頭と同組頭、三之間は同組士の面々といった調子である。さらに二之間、三之間に続くそれぞれの次之間はこれらの人びとの食堂にあてられ、そこには湯茶の道具一式が調えられて、寛永寺側から所化《しょけ》（修学中の僧）一〇人と、それらの監督と指導にあたる伴頭《はんとう》一人が常駐するのである。

一方、これと並行して、寛永寺側においても家綱の遺骸を安置する場所の撰定と整備が行われる。

葬儀の準備—寛永寺側

まず、本坊の黒書院を御霊殿《ごれいでん》（遺骸の安置所）と定め、上段之間の四方の壁に緞子《どんす》の幔幕《まんまく》を張る。上段之間の中央には「御棺台」が設けられ、その正面には金襴《きんらん》の布で覆われた供膳用の机（七尺×一尺八寸）が置かれる。さらにその手前には、やはり金襴の布で覆われた焼香机が置かれ、そこには金銅製の香炉と香合が用意される。

また、次之間の中央には前机《まえづくえ》と行事壇《ぎょうじだん》一式が置かれ、前机の左右にはこれも金銅製の燭台《しょくだい》一対が献備される。したがって、すべての法要はこの二間《ふたま》を中心にして執り行われるわけである。

なお、この次之間の正面を除く三方と、この部屋の西隣りの部屋の南側は、すべて白い曝《さらし》の布幕で覆われる。このように、上段之間以下の各部屋の建具《たてぐ》（障子《しょうじ》や衾《ふすま》）はすべてはずされ、仕切りは幕によってなされるのである。

こう見てくると、家綱の遺骸は明らかに南を正面にして安置されていること（君子南面の意ヵ―筆者註）がわかるし、また、全体としていえば、思ったよりもかなり質素な飾りであるともいえる。

ところで、前述の西隣りの部屋のはずれには、東叡山と日光山の一山住職が常に三人ずつ詰めていたらしい。当時の記録によると、「半日半夜交替」とあるから、一日四交替制で詰めていたのであろう。着用している衣躰《えたい》は素絹《そけん》五条《ごじょう》という正式の装束《しょうぞく》である。しかも、この西隣りの部屋のさらにもう一つ西側の部屋には、交衆《きょうじゅう》（弟子）四人がこれも常駐していた。衣躰と交替の時期は住職の場合と同じである。その上この交衆の詰所の北側の部屋には、これも所化三人が常駐したのである。衣躰は前と同じだが、交替の時期は午前六時ごろと午後六時ごろの二回という厳しいものであった。また、この所化衆の詰所の東側の部屋には江戸城から持ち込まれた台子《だいす》が置かれ、そこには将軍お抱えのお茶頭《さとう》三人が詰めていたのである。

つぎに、正面の縁側の外には間口七間半、奥行一間半の仮の庇《ひさし》が設けられ、そこには常に近侍の士である小納戸、奥小性らが詰めるのである。

一方、行事壇の置かれた部屋の東側の縁側の外には二間幅の木の階段が新設され、ここから家綱の遺骸を納めた霊棺の入御、出御を行うのである。

なお、所化の詰所の北側には厨房《ちゅうぼう》が設けられ、天野五郎太夫を長とした料理方がここで霊膳を調進したのである。


こんな具合に各方面にわたって細かい点に至るまでの手配が終わると、今度はいよいよ十四日の遺骸の移送ということになる。

遺骸の移送

当時「尊骸入御之式」と呼ばれたこの日の式次第はほぼこんな様子であった。

まず、申刻《さる》（午後四時ごろ）に遺骸を出迎えるための僧が東叡山を出発する。一行は天海の直弟子《じきでし》である、時の凌雲院《りょううんいん》住職胤海《いんかい》僧正を先頭に、信解院《しんげいん》（見明院《けんみょういん》）行海大僧都《ぎょうかいだいそうず》、実成院公胤《じつじょういんこういん》大僧都、護国院亮順《ごこくいんりょうじゅん》権大僧都、覚成院公稟《かくじょういんこうりん》権大僧都の五人という、当時の寛永寺のトップクラスの人びとであった。なお、この五人のそれぞれには、従者の僧や青《あお》侍《ざむらい》、草履取《ぞうりとり》、挑灯持《ちょうちんもち》などが随行したから、総勢でいえば一行は三〇人ということになる。身につけた衣《ころも》は、五人の僧が鈍色納袈裟《どんじきのうげさ》、従者の僧は素絹五条という正式の装束であった。

さて、午後五時ごろになって、江戸城の「北刎橋《きたはねばし》」（北桔門《きたきつもん》＝いわゆる不開《あかずの》御門のことヵ—筆者註）に着いた一行は、橋の手前一丁ほどのところで乗物から降り、ここからは五人の僧と従僧のみで城内に向かうのである。城内に入ると、番所においてしばらく待機し、城中の遺骸安置所へは行かなかったらしい。したがって、そこでの儀式（法要）も一切行わなかったわけである。

さて、いよいよ尊骸の出城というときになって、僧衆は橋の前に一列に並んでこれを出迎えるのである。遺骸は予定通り酉刻（午後六時ごろ）に出城し、橋の手前でいったん行列をとめる。このとき、五人の僧は遺骸の前に進み出て、修法、読経し、それが終わると胤海、行海、公寛の三人はただちに帰山し、公胤と亮順の二人が残って尊骸に供奉《ぐぶ》して帰山するのである。

一方、遺骸を迎える東叡山の方では、酉刻には早くも比叡山、日光山、東叡山の三山の大衆（一山住職）が、それぞれの末寺の住職を従えて二王門の前に集結し、遺骸の到着を待つ。このとき、素絹五条を身に着けた三山の大衆は、二王門の西側（不忍池側）に一列に並んで遺骸を出迎え、そこから行列に加わって本坊に入り、そこであらためて遺骸に拝礼するのである。

だが、このとき門の東側に一列に並んだ末寺の住職たちは、ここで遺骸を見送るのみで、供奉して本坊に入ることは許されなかった。彼らは出迎えた遺骸が本坊に入御するのを確認すると、ただちに「千手堂《せんじゅどう》」（清水《きよみず》観音堂＝当時は摺鉢山《すりばちやま》の上に在った—筆者註）に退去することになっていた。

最初の法要

こうして戌刻《いぬ》（午後八時ごろ）に遺骸が無事に本坊の黒書院上段之間（御霊殿）に安置されると、いよいよ最初の法要が営まれるのである。大導師は凌雲院胤海で、他に三山の住職のなかから三五人が出仕した。今、当時の記録を見ると、このときの出仕者のなかには、慈海《じかい》版の経本で有名な慈海宋順をはじめ、時の執当《しっとう》（東叡山の寺務総括者）信解院《しんげいん》行海《ぎょうかい》と円覚院《えんがくいん》（現竜院）公雄《こういう》、日吉山王《ひよしさんのう》（現日枝《ひえ》神社）別当観理院《かんりいん》舜盛《しゅんじょう》（兼本覚院）など、文字通り当時の碩学《せきがく》が名を連ねている。

さて、参列の人びとの着座を待って大導師以下の出仕者が所定の座につくと、まず茶湯が供えられる。葵の紋をつけた茶碗に点《た》てられたお茶は、三方に載せられたまま茶頭の手によって西の縁側まで運ばれ、そこから近習の手によって上段之間の机の上に供えられる。

図9　四代将軍家綱画像

ついで霊膳が供えられる。梨地《なしじ》の椀などに盛られた食物は、厨房《ちゅうぼう》方の手によって西の縁側まで運ばれ、そこからは前と同じように近習の手に渡されるのである。

　ここで本来ならば輪王寺宮が自ら焼香に出るはずなのだが、ちょうどこのときは宮が病臥中であったため、その代理を胤海に命じていたのである。胤海の焼香がすむと、つぎに胤海によって光明供法《こうみょうくほう》が修《しゅ》せられ、それと並行して九条錫杖《くじょうしゃくじょう》が唱えられる。錫杖が終わると、つぎに「法華経」のなかの如来寿《にょらいじゅ》量品《りょうほん》が読まれ、いよいよ幕閣、近習が礼拝することになる。幕閣は大老の酒井忠清をはじめ、稲葉正則、大久保忠朝、土井利房ら計七名、近習は三枝《さえぐさ》守俊、稲葉正休《まさやす》、堀直方ら計三七名である。

　なお、すでに寛文三年（一六六三）に殉死が正式に禁止されていたこともあって、このとき近習三七名のうち、実に三一名もの人が落髪している。

このとき幕閣の人びとが列座したのは交衆の常駐している西側二つ目の部屋であり、近習は前述の通り仮の庇の下である。装束はともに白帷子《しろかたびら》・長袴《ながばかま》であった。

葬儀までの法要

さて、こうして十四日の法要は無事に済んだが、二十六日の葬儀までにはまだかなりの日数がある。それではその間はどうしていたのかというと、なんと寛永寺と幕府とは、翌十五日の朝から葬儀の日の夕方までの間、それぞれ毎日三回ずつの法要を勤めていたのである。

すなわち、後夜《ごや》（午前六時ごろ）、日中（正午ごろ）、初夜《しょや》（午後四時ごろ）の勤行《ごんぎょう》がそれである。勤行の内容は後夜が法華懺法《ほっけせんぽう》（「法華経」安楽行品《あんらくぎょうほん》他）と舎利礼文《しゃりらいもん》、日中が光明供法と錫杖、初夜が例時作法《さほう》（「阿弥陀経」他）と本覚讃《ほんがくさん》といった具合である。導師は後夜と初夜は当時の大衆のなかの主だったものが交替で勤めているが、三座のなかで最も重要な法要である日中のそれは、宮の代理をつとめる胤海自身が勤めている。

ところで、当時の史料によると、法要の部分を除いては、三座ともほとんど基本的には同じ式次第で行われていたことがわかる。今、ごく簡単にその内容を説明してみると、まず法要開始の約一時間前に「行事鐘《ぎょうじしょう》」が撞《つ》かれる。寛永寺の正式の行事（葬式）鐘は現在の小松宮の銅像のところにあったものだが、このときには時鐘《ときのかね》と護国院の半鐘（通称ジャンジャン）も同時に撞かれている。そして、これらの鐘を合図に三山の大衆が本坊に参集し、素絹五条に装束をととのえるのである。一方、白帷子《しろかたびら》・長袴《ながばかま》姿の幕閣や近習は、十四日の場合と同じ席に着座する。やがて、大導師以下が道場に入り、まず茶湯、霊膳が供えられる。つぎに読経が始まり、読経が終わったところで茶湯、霊膳がさげられ、それから参列の幕閣以下が拝礼するのである。

もっとも幕閣の人びとには政務があったから、大久保・板倉重通・松平重治の三人だけが毎日三回の法要に参列することとし、残りの酒井・稲葉・土井・松平秀綱の四人と築封地奉行の阿部正武らは、毎日あるいは隔日の参列と定められていた。法要の方は幕閣、近習の拝礼が終わって、大導師以下の退堂ということになるのだが、ようするにこうした内容の法要儀式が毎日三回ずつ二十六日まで延々と続くのだから、その間の幕閣の人びとはとてもまともに政務を見られる状態ではなかったであろう。

さて、そうするうちに、葬儀前日の二十五日になって、天海の一番の高弟であり、京都山科《やましな》の毘沙門堂門跡《びしやもんどうもんぜき》でもある公海大僧正が帰山した。そして、この公海の帰山にはそれなりの事情があったのである。

実は、前々から病臥中であった輪王寺宮守澄法親王がこの十六日に入寂《にゆうじやく》（死去）したのである。今、宮の入寂のことはひとまずおくとして、これまで宮の代理を勤めてきた胤海にとっては、葬儀当日の大導師役はいささか荷が重過ぎたのであろう。しかも、この段階では、第二代の輪王寺宮守全《しゅぜん》（後の天真《てんしん》）法親王はまだ着任されていなかったのである。こうした事情から、公海は葬儀の大導師を勤めるために急遽《きゅうきょ》帰山したのである。

一方、こうするうちにも、家綱の遺骸を祀《まつ》る霊廟の工事は着々と進んでいた。

霊廟の造営

霊廟（正確には廟）は新たに七尺の高さに土盛りされ、その中心部の広さは八間四方に造営される。周囲はとりあえず板塀で囲われ、正面（南）には門が建てられ、その手前には石段が設けられる。盛り土部分の中央には、上下四方とも六枚の石組みで構成された石《せき》槨《かく》が造られ、上蓋《うわぶた》の石の裏側には儒者の人見《ひとみ》友元《ゆうげん》（宜郷《ぎきょう》）が撰した次のような銘文が刻まれるのである。

寛永十八年辛巳八月三日降誕
征夷大将軍正二位右大臣源家綱尊大君之棺
贈正一位太政大臣
賜号厳有院
延宝八年庚申五月八日薨

なお、こうした銘文はその後若干詳しい内容のものになっていくが、基本的にこうした紋切り型の文句であることに変わりはない。

さて、前述の石槨の四方には石垣が築かれ、その基礎に巨石が据えられる。さらにその石垣の上には仮の霊堂（南面、三間四方、左右に唐戸《からど》もつける）を設ける。この堂外に前述の門と石段があるわけである。石段の下の参道の中央には仮の拝殿（南北三間・東西五間）が建てられ、この堂の前後には扉と階段がつけられる。さらにこの拝殿の手前にも門が設けられ、この門を境にして前述の石垣の左右と背後はすべて板塀で囲われるのである。ただ、霊堂への御給仕《おきゅうじ》などの必要から、西南の隅に小さな門をつけ、そこから御供所への出入りをしたのである。

なお、このとき寛永寺では林広院《りんこういん》（後の林光院）、元光院《げんこういん》など五ヵ院と学寮を他の地に移転し、その跡地に家綱の霊廟と別当寺（津梁院《しんりょういん》）を営んだのである。

霊廟の荘厳

さて、話が若干前後するが、遺骸の埋葬の当日の霊廟の飾り方を見ておこう。常徳院公寛《じょうとくいんこうかん》が奉行となって行ったその飾りつけによれば、まず霊堂の内外には白綾と白緞子の幕が張られる。また、堂の内外にはすべて薄い布が敷かれるし、堂の正面には白糸で編んだ華鬘三流《けまんさんりゅう》が懸けられる。

前々からの例でもわかるように、仏具類の下に敷く金襴類を別にすれば、使われている布はほぼ白一色で統一されている。これは明らかに葬儀を意識していると考えてよいだろう。したがって、当然のことながら、拝殿内部の四方にも白い曝《さらし》の幕が張られるのである。

さらに、拝殿内の正面の左右には各三段の壇が組まれ、その上に絹布を張って供物を供える。供物はいろいろな品物（美菓）を少量ずつ供えたらしく、白木の器《うつわ》に盛られたものが左右に各二〇盛も供えられたという記録がある。

また拝殿中央には白綾の打敷《うちしき》をかけた長机が置かれ、上にはいわゆる七五三の御膳が供えられる。さらにその手前には同じ布をかけた小机を出して、そこには金銅の香炉と香合が用意される。

一方、霊堂外の四方の板塀には内外ともに曝の白布が張られ、内側には一八張《はり》の高挑《たかちょう》灯《ちん》が懸けられる。もちろん、拝殿の前後にも八張が、また同じ幕で覆われた惣囲《そうがこい》の内側にも三〇張の高挑灯がそれぞれ用意されるのである。そして、これらは儀式がすべて夜儀をもって行われることを意味しているわけである。

こうして霊廟の準備がととのうと、つぎに本坊から霊廟の惣囲の門に至る間の左右すべてを布幕で仕切り、ここにも一間半に一つの割で高挑灯を懸ける。そして、この本坊黒書院の庭から惣門までの荘厳についても、すべて本坊側の指図で行われるのである。

なお、この同じ道筋には、なんと三列にわたって白布が敷かれるのである。そして、この白布を敷く方法は、すでに家康の遺骸を埋葬したときに久能山において行われた方法でもあった。それは夜儀とともに天皇家の儀式に倣ったものであった。

さて、いよいよ葬儀の当日である二十六日になると、まず正午過ぎに封地（廟穴）において胤海が修法を行う。修法が終わって、午後の四時過ぎになると、行事鐘が撞かれ、出仕の僧が本坊に参集する。もっとも、この日ばかりは参集前にすでに各自が吉祥院において袍裳納袈裟《ほうもうのうげさ》という盛装に装束をあらためておくのである。

やがて、幕閣以下の人びとの着座、出仕者の入堂と、いつもの式次第で運ばれるのだが、一つだけ違うのは、この日の酒井忠清ら重臣の装束が衣冠帯剣であることだろう。

また、この日は東叡、日光両山お抱えの伶人（楽人）二〇名が、白の狩衣《かりぎぬ》に浅黄《あさぎ》の指貫《さしぬき》という姿で庭に列立し、楽を奉するのである。

当日の大導師が公海であることはいうまでもない。例のように供茶、供膳とすすんで法要に入る。諸天讃《しょてんざん》、奏楽、光明供法、九条錫杖、自我偈（この間焼香）という一連の読経が終わると、大導師以下参列者一同に至るまで、全員庭に降りて整列し、遺骸の出御を待つ。遺骸が出御すると四智讃《しちさん》が唱えられ、同時に三羽の鷹が放されるのである。

埋葬

さて、放鷹《ほうよう》が終わると、いよいよ行列をととのえて霊廟に向かう。霊廟に着いても、出仕者以外で惣門内に入れるのは、幕閣、近習、それに剣と脇指《わきざし》を奉持する者だけにかぎられる。楽人が惣門内左手の板塀沿いに並んで楽を奏すると、大導師は霊堂正面の門を入り、左手に用意された曲彔《きょくろく》にかける。一方、遺骸はまず霊堂前に安置され、その前に白綾の打敷で覆った香案《こうあん》（机）を出し、上に金銅の香炉と香合が置かれる。

つぎに出仕者中の長老の焼香があり、鎖龕《さがん》（棺を鎖《と》じる）、起龕《きがん》（棺を起こす）の作法、奠茶《てんちゃ》・奠湯《てんとう》などが行われる。ここで胤海が歎徳文《たんどくぶん》を読み上げ、終わって大導師公海が下火《あこ》之文《のもん》（本来は荼毘《だび》の儀式）を唱える。

下火が終わると、霊棺（遺骸）は石槨中に納められる。ここで正面に三具足《みつぐそく》（灯明台、香炉、花瓶）が献備され、あらためて「法華経」の安楽行品《あんらくぎょうほん》が読まれる。出仕の僧は行《ぎょう》道《どう》といって石槨の周囲を廻りながら読経し、逐次正面で焼香するのである。最後に後唄《ごばい》が唱えられ、ついで将軍（綱吉）名代《みょうだい》である忠清が焼香するのだが、彼は将軍名代であるにもかかわらず、霊堂のある門内には入らず、石段の下に直《じか》に敷かれた畳一枚の所で礼拝するのである。江戸時代の将軍や幕閣の権威は

図10　四代将軍宝塔

大変なものであったが、こと法要儀礼に関してはまったく別の規準が存在していたといっていい。

さて、忠清の礼拝がすむと、大導師は拝殿に入り霊膳を供える作法をする。この間、出仕の僧は拝殿前の庭に蹲踞《そんこ》して読経するのである。やがて、献供《けんく》（作法）を終えた公海が退堂すると、大衆もこれに従って退場し、埋葬の儀式は終わるのである。

中陰の法要

ところで、ここに不思議なことがある。それは五月八日に死んだ家綱の七《なの》日七日《かなのか》の法要を勤めた形跡がまったくないことである。八日から数えると初七日《しょなのか》は十四日、二七日《ふたなのか》は二十一日であって、葬儀の当日までに、すでに二七日以上の日が経過しているわけである。しかし、二十六日までに、それらしい名目のもとに営まれた法要はただの一座もない。これは一見大変不思議なことのように思えるが、実はこれにはそれなりの理由があったのである。

すなわち、家綱の中陰（初七日～七七日）と百ヵ日の法要はすべて葬儀のすんだ翌二十七日から六月十七日にかけて、ほぼ連日のように行われたのである。記録によれば、法要は原則として日に三回（後夜＝午前六時ごろ、日中＝午前一〇時ごろ、初夜＝午後四時ごろ）ずつ行われているが、このうち後夜と初夜は五月十五日以降の例とまったく同じと考えていいだろう。したがって、今、日中のそれだけを書き出してみると表4のようになる（逮《たい》

表4　百ヶ日までの法要一覧

月日	忌日	法要	導師	出仕数
五月二十七日	初七日逮夜	百光明供《ひゃくこうみょうく》	毘沙門堂門跡	三十四人
五月二十八日	初七日	胎曼荼羅供《たいまんだらく》	同右	五十六人
五月二十九日	二七日逮夜	法華八講《はっこう》	凌雲院	三十六人
六月一日	二七日	同右	長楽寺	三十八人
六月二日	三七日逮夜	布薩戒《ふさつかい》	凌雲院	三十六人
六月三日	三七日	法華三昧《ざんまい》	毘沙門堂門跡	三十四人
六月四日	四七日逮夜	法華頓写《とんしゃ》	宗光寺《そうこうじ》	六十一人
六月五日	四七日	写経供養	毘沙門堂門跡	三十五人
六月六日	五七日逮夜	六道講式《ろくどうこうしき》	真光寺	三十四人
六月七日	五七日	金曼荼羅供《こんまんだらく》	輪王寺宮 毘沙門堂門跡	六十四人
六月九日	六七日逮夜	論義《ろんぎ》	凌雲院	三十八人
六月十日	六七日	四箇法要《しかほうよう》	輪王寺宮 毘沙門堂門跡	三十五人
六月十三日	七七日逮夜	法華経読誦《どくじゅ》	輪王寺宮	三百人
六月十五日	七七日	施餓鬼《せがき》	同右	三十二人
六月十六日	百ヶ日逮夜	一切経転読《いっさいきょうてんどく》	同右	三百人
六月十七日	百ヶ日	合曼荼羅供《ごうまんだらく》	輪王寺宮 毘沙門堂門跡	五十六人

夜《や》は忌日《きじつ》前夜の意）。

　ところで、日付の欄を見ていただくとわかるように、六月八日は当然六七日の逮夜を勤めるべき日であるのに、それが行われていない。しかも、その中止の理由は何も書かれていないのである。

　家綱の初月忌《しょがつき》にもあたるこの日に法要を勤めなかったのはなぜだろうか。暦の上での凶日ででもあったのだろうか。もっとも、当時の記録を見ると、その日は「今日《きょう》闕法会《ほうえかく》」と記されてはいるものの、まったく法要をしなかったわけではないのである。この日は一部時間をずらして、後夜の法要を午前四時に、初夜の法要を午後四時にそれぞれ行っているから、「闕法会」とある法会が日中のそれだけを指していることは明らかである。そして、どういうわけか、この日、日中の法会に代わって午前六時に大老の酒井忠清が霊廟に参詣しているのである。とすると、この日がやはり家綱の初月忌だったことがその理由だったのだろうか。

つぎに、十一日を見ると、この日も法要は行われていない。ただ、この日は八日と違って明確な理由がある。この日は「贈官、贈崇号」のための勅使と宣命使《せんみょうし》が下向した日だったのである。しかも、この日は同時に「贈経」のための院使もきていたのである。もちろん、この日も朝夕二座の法要は行われているが、日中は法要の代わりに、輪王寺新宮守全法親王（後の天真法親王）と毘沙門堂門跡以下五十余人の僧の列座の下に、贈官＝正一位、贈号＝厳有院《げんゆういん》、贈経の儀式が行われたのである。

今、その詳しい様子は略すことにして、この一連の儀式がすむと、午後の二時ごろからあらかじめ用意しておいた家綱＝厳有院の位牌《いはい》の開眼《かいげん》供養が公海以下四〇人の僧によって営まれている。

翌十二日、この日も日中の法要が中止され、代わって翌十三日に行う、三〇〇人の僧による「法華経」読誦という一大法会の習礼《しゅうらい》が行われている。なお、この十三日からは他宗の納経受付がはじまり、まずこの日は真言宗の納経が行われた。

十四日、この日も日中の法要はなかった。これは、この日、新任の輪王寺宮と毘沙門堂門跡の二人が江戸城に新将軍綱吉を訪ねたためである。また、この日は臨済、曹洞両宗の納経が、こえて十六日には日蓮宗と一向宗の納経がそれぞれ行われている。

綱吉の参詣

こうして十七日に百ヵ日の法要がすむと、家綱の位牌《いはい》はただちに本坊黒書院の上段之間に祀られ、翌十八日の午前一〇時、新将軍綱吉は家綱の東叡山移送後はじめて霊廟に参詣するのである。この参詣には両門主以下わずか一六人の僧だけが立ち会うのだが、今は詳しいことは略させていただこう。やがて綱吉の参詣がすむと、これも初めて、甲府綱豊《つなとよ》、徳松（綱吉の子、ただし代参）、紀伊光貞《みつさだ》、水戸光圀《みつくに》、尾張綱義《つなよし》（後の綱誠《つなまさ》）、紀伊綱教《つなのり》（光貞の子）、水戸綱条《つなえだ》（光圀の養子）の順で参詣するのである。病気ででもあったのか、尾張の当主光友《みつとも》は参詣していない。

そして、このように葬儀、中陰などのすべての法要が終わるまで、本来喪主《もしゅ》であるべき綱吉や一門の人びとがまったく参詣していないということも、普通の送葬儀礼とは際立《きわだ》って異なる点であろう。

なお、法要中に入寂した守澄法親王の後任である守全法親王は五七日の逮夜《たいや》の日の日中の座に初めて姿を見せて焼香し、これ以後、後夜と日中の法要には出仕または臨席するこ

表5　葬儀の謝礼一覧

人名	御礼の内容
輪王寺宮	時服二〇領・白銀二〇〇〇枚
毘沙門堂門跡	同右
凌雲院(学頭)	白銀二〇枚
住心院(院家)	同右
観理院(同右)	時服三領・白銀一〇枚
信解院(執当)	同右
寒松院(東照宮別当)	白銀一〇枚
東漸院(大猷院別当)	同右
津梁院(厳有院別当)	同右
常徳院(法会奉行)	同右
佐々木民部卿(坊官)	時服三領
吉川宮内卿(同右)	同右
田村権右衛門(目代《もくだい》)	白銀一〇枚

表6　諸侯香奠一覧

家名・石高	香奠
尾張光友	白銀二〇〇枚
紀伊光貞	同右
水戸光圀	白銀一〇〇枚
尾張世嗣(綱義)	黄金二枚
紀伊世嗣(綱教)	同右
水戸世嗣(綱条)	黄金一枚
甲府綱豊(綱吉の甥、後の家宣)	白銀二〇〇枚
徳松(綱吉の子)	同右
五〇万石以上	別扱い
二五〜五〇万石	白銀三〇枚
一五〜二四万九〇〇〇石	同二〇枚
一〇〜一四万九〇〇〇石	同一〇枚
五〜九万九〇〇〇石	同五枚
一〜四万九〇〇〇石	同三枚
三〇万石以上の嫡子	同一〇枚
一〇〜二九万九〇〇〇石の嫡子	同五枚
旗本・諸侍	同二〜三枚

とになる（宮の代理を勤めた胤海や公海も初夜には一回も姿を見せていない）。

幕府の御礼

一方、綱吉が初めて上野に参詣した十八日には、老中大久保忠朝が使者として本坊に両門主を訪ね、幕府として正式の御礼を言上した。そのときの御礼の一部を紹介してみると表5の通りである。このうち、津梁院は家綱自身の霊廟の別当寺であり、寒松院、東漸院などは別当寺であると同時に今回の法会の奉行も勤めている。しかし、詳細に見ていくと、法会の役職を勤めた者全員が御礼を受け取っているわけではなさそうである。

さて、翌十九日、徳川の家門と国主、城主が参詣して香奠《こうでん》を供え、ついで諸番頭、物頭も参詣ののち香奠を供えている。ついでながら、御三家を含めて、その香奠の一部を表6として紹介しておこう。

こう見てくると、なんといっても将軍の死は、幕府にとっても、大名にとっても、文字通り一大事だったことがよくわかるのである。

綱吉の葬儀

坊官と院家

坊官《ぼうかん》とは輪王寺宮家《りんのうじのみやけ》の家臣の呼称である。身分は僧侶ではなく、士分《しぶん》（武士）であった。

輪王寺宮の側近としては、常にこの坊官たちと、もう一つ院家《いんげ》と呼ばれる僧侶たちがいた。

なぜそうした二重構造になっているのかというと、宮（一品法親王《いっぽんほうしんのう》）は東叡山（寛永寺）の山主《さんしゅ》であるという僧侶としての身分と同時に、輪王寺宮という宮家の当主という、皇族としての身分を併《あわ》せもっていたからである。

その僧侶としての宮に随う側近が院家で、宮家の家臣としての側近が坊官というわけである。普段はこの両者が、原則として、それぞれの分野の仕事を分担していたのである。

なお、院家というのは、東叡山三十六坊と呼ばれる山内子院《さんないしいん》の寺号にはない名称で、執当《しっとう》（寺務全般の総括責任者）や宮自身が選んだ特定の子院住職に対して与えたまったく別の呼称〔○○院〕なのである。ただ、例としては少ないが、山外《さんがい》の大寺の住職に与える慣例もある。この呼称は「院室号《いんしつごう》」と呼ばれ、この院室号を与えられた住職は、以後は本来自分が住職をしている寺の名称は使わずに、公私ともにこの院室号を用いるのである。院室号の具体的な例としては、江戸初期の現竜院の住職亮伝《りょうでん》が「円覚院《えんがくいん》」の院室号で、また幕末の彰義隊とのかかわりで知られる真如院住職の義観《ぎかん》が「覚王院《かくおういん》」の院室号で呼ばれたことがあげられる。

なお、この院室号は、江戸時代を通じて、ほぼ固定したいくつかの呼称が使われていた。たとえば前にあげたもののほかには、「信解院《しんげいん》」「恵恩院《えおんいん》」「護法院《ごほういん》」「尊重院《そんじゅういん》」「双厳院《そうごんいん》」「霊山院《りょうせんいん》」「檀那院《だんないん》」「真覚院《しんがくいん》」などがある。しかもこの呼称は、宮のみにとどまらず、寛永寺一山《いっさん》をはじめ、広く天台宗内で用いられるのである。

薗田秀延

さて、以下に紹介する史料は、宝永期（一七〇四〜一〇）に坊官の一人（上席の立場と思われる）として、時の輪王寺宮公弁《こうべん》法親王（寛文九〈一六六九〉〜享保元年〈一七一六〉）に仕えた薗田秀延《そのだひでのぶ》（延宝四〈一六七六〉〜寛延元年〈一七四八〉）が、坊官の立場から見た五代将軍綱吉の葬儀に関する記録である。記録全体の題は、

『玉川子薗田君遺稿』と呼ばれるもので、実はこの記録のなかに「いるさ山」と題する綱吉他界にかかわる記録が収められているのである。

この記録の原本（写本）は、横浜市港北区日吉本町の天台宗金蔵寺（内田大寛師）の所蔵であるが、それを『横浜市歴史博物館紀要』九号（二〇〇五年三月刊）に「資料紹介」として、同館の井上攻氏と「横浜古文書を読む会」の堀田明照、松井和男両氏らが翻刻掲載されたのである。

前に紹介した四代将軍家綱（厳有院）の葬儀記録は明らかに僧侶の手による法要の記録であるため、執り行われた法要や出仕者数などについての記述はかなり詳しいものである。しかし、それ以外のことについてはほとんどふれられていない。

一方、秀延の記録は、宮家の家臣という少し角度の変った立場の人物によるものであり、同じ寛永寺関係の者とはいえ将軍の他界を宮の側近がどう見聞きしていたのか、またそのことを秀延自身がどう思っていたのかといった個人的な感懐を知る上でも、きわめて興味深い史料なのである。

綱吉他界

さて、前置きが長くなったが、この「いるさ山」という記録は、「宝永き（己）（丑脱ヵ）六の年正月十日、大樹御他界有けり」という書出しではじまっている。すなわち、宝永六己丑年（一七〇九）の正月十日に五代将軍（大樹《だいじゅ》）が薨《こう》じたというわけである。

この記録はこれに続けて、綱吉が昨年の十二月の末に、いささか熱気がましてきたので、周囲の者はどうやら風邪《かぜ》のようだと思っていた。しかしたまたま、去年（宝永五年）から、江戸だけではなく地方にまで「はしか」が大流行しており、どうも綱吉もこれに罹《かか》ったらしい。六四歳という歳でもあるので、医術のかぎりをつくした。そのかいあって、他界する前日（一月九日）には「御酒湯《ごしゅとう》」を使ってお祝いごとをしたばかりであったのに、翌日は夜が明け切るとともに他界した。あまりに急なことだったので、側近の者でさえ今はの際《きわ》に間にあわない者がいたくらいである、と述べている。

「御酒湯」というのは、疱瘡《ほうそう》などに罹って、なおったときに、酒を混ぜて作ったお湯に入ったり、そのお湯で身体を清めたりすることである。いわば、病気の全快を祝うための儀式であった。

図11　五代将軍綱吉画像

将軍の命日

ところで、江戸時代には、綱吉にかぎらず、将軍をはじめ、その死が世のなかに大きな影響を与えそうな重要人物の逝去《せいきょ》（薨去、他界）の日は、それぞれの人物の置かれた立場によって、ずらして公表されるのが通例であった。詳しくは、拙稿『もうひとつの徳川物語』（誠文堂新光社）をご覧いただきたいが、筆者は綱吉の場合も、宝永五年の十二月十日が本当の命日であると考えている。

こうしたことは、江戸後期の何人かの将軍、たとえば家斉《いえなり》、家定《いえさだ》、家茂《いえもち》などについても間違いなくいえることで、それらによれば将軍の死は原則として、ほぼ一ヵ月後に公表されていることがわかるのである。

したがって、この「いるさ山」の記述はあくまでも幕府の公式発表にもとづいて書かれたものだと考えていいだろう。

さらにつけ加えれば、一三代将軍家定の場合には、それぞれ「公」「私」と朱書した二冊の葬送記録が伝えられており、それによると、死の公表は事実上の死のほぼ一ヵ月後であり、その上、少なくとも公表の半月前には寛永寺の執当をはじめとした主たる役職者は家定他界の事実を知っていたことがわかるのである（この段階で、霊廟に至る道の整地が行われるのである）。

とすれば、この綱吉の場合も、少なくとも宝永五年の十二月中には寛永寺の要職者は他界の事実を知っていたと考えた方がいいだろう。

そして、このことは、宮家の家臣である薗田秀延のところまでは伝えられていなかったと思われるのである。

しかも、この「いるさ山」の含まれている秀延の遺稿は、きわめて個人的な立場で書かれている。それが宮家の家臣としての公式記録ではなく、あくまでも個人としての立場からのものである以上、もし秀延が綱吉他界の真相を知っていたとすれば、当然病状などについての嘘もわかるわけで、だとすれば、むしろ秀延はその事実を素直に書いた可能性が高い。筆者は、公式発表までは坊官の秀延には一切何の情報も伝わっていなかったのだと考えているのである。

ただそうはいっても、この秀延の記録が意味がないということではない。この記録は、幕府や寺側の記録とは違って、他にはまったく記されていないことも多く、その上、所々に秀延自身の個人的な感懐も述べられていて、きわめて興味深いものなのである。以下、この記録によって、綱吉の葬儀の様子を追いかけてみよう。

さて、綱吉他界が公表されたその日（一月十日）の夕方、早くも寛永寺は幕府からの呼び出しをうけて、楞伽院《りようがいん》（院室号、実は現竜院第七世）貫通《かんづう》が登城し、そこで初めて公式に綱吉公薨去を告げられ、同時に葬送一切は上野（寛永寺）において執り行うとの沙汰をうけた。

別の記録によると、どうやらこうしたときの幕府の召喚状は、上様（この場合は綱吉）ご危篤に付き、誰かお見舞のために登城するようにというかたちで出されたらしい。すでに綱吉他界の事実を知っている貫通は今日が公式発表の日であることを百も承知した上で登城しているわけである。いいかえれば、幕府側も寺側も最初から一芝居《ひとしばい》することを暗黙の裡《うち》に了解していたということになる。

宮は日光に

ところで、この日（一月十日）はたまたま正月のことなので、東叡山の山主である輪王寺宮公弁法親王は年初の御祈禱のために日光山に出向いていて留守であった。

公弁法親王は第三世の輪王寺宮（東叡山主としては天海から数えて第五世）で、一品《いっぽん》法親王であるとともに准后《じゅんごう》（准三宮《じゅんさんぐう》＝太皇太后、皇太后、皇后に準じる資格）の待遇をうけた宮でもあった。

この宮は、もともと後西《ごさい》天皇の第六皇子で、天和二年（一六八二）に京都の山科に移転して間もなく毘沙門堂門跡《びしゃもんどうもんぜき》の門主となり、翌年東叡山の山主となった人物である。この宮は天台座主《ざす》をも兼ね、文字通りわが国宗教界の頂点に立っていたが、正徳五年（一七一五）に山主を退き、「大明院宮《だいみょういんのみや》」と称され、翌六年四月十七日に四八歳で入寂された。

墓所は山科の毘沙門堂であるが、この宮については後にあらためてふれることにしたい。

ところで、歴代の輪王寺宮は、毎年十二月下旬から翌年の一月中旬、四月下旬から五月中旬、八月下旬から九月中旬のいわゆる正月、五月、九月（正五九《しょうごく》という）の厄月祈禱《やくづききとう》のために日光山に滞在されるのが慣例であり、このときも公弁法親王は日光山に滞在していた。このため執当は即刻使者を派遣して、宮に綱吉他界の旨を報告した。

秀延によれば、これを聞いた宮はただちに帰途に着かれ、十二日の未刻計《ひつじのこくばかり》（午後二時ごろ）に帰山したというのである。このことを秀延はごく当り前のことでもあるかのように述べているが、これにはひどく不自然な点がある。

よく考えてみれば、楞伽院《りょうがいん》が江戸城に登って綱吉の他界を告げられたのは、十日の夕刻のことだったはずである。それを聞いて上野にもどり、即刻日光山に向けて使者を派遣したとしても、それを聞いた宮が十二日の午後二時ごろに上野にもどることは、物理的に考えてもまず不可能なことだといわざるをえない。

繰り返すが、かりに他界の報が早馬などで日光山にもたらされたとしても、宮は当然馬ではなく駕籠で帰山することになる。とすれば、十日の夜にすぐ使者が発《た》ったとしても、十二日の日中に宮が帰山するなどということは、まったくもって無理な話なのである。

こうしたことから考えると、宮は前もって一月十日が綱吉他界の公式発表の日であることを知っていたとしか考えられないのである。

さらにもう一つ不自然な点は、楞伽院が綱吉他界の当日に江戸城に登ったとき、その場で上野で葬送を執り行うと告げられていることである。もし、秀延の記述のように、綱吉が前日に「御酒湯」を使ったような病状であったのに、翌日の夜明けとともに急に他界したのであれば、その日の夕刻までに葬送の地（寺）を決め、上野に呼び出しをかける余裕などあるはずもないと思うのである。

もっとも将軍他界公表の当日にその葬送地を決めて、当該の寺（芝か上野）に通告することはごく普通のことであって、何も綱吉の場合にかぎったことではない。

こうしたことから考えても、前にも述べたように、将軍の他界はその当日からしばらくの間（約一ヵ月ほど）伏せられ、その間にすべての段取りがつけられてから初めて公表されることになっていたことがわかるのである。実際、そうでもしなければ、たとえば嗣君を決定しないうちに将軍が急逝でもした場合には、まさに収拾しがたい混乱がおきてしまうことになるわけである。

綱吉上野へ

さて、それはそれとして、宮が帰山すると、嗣君の家宣《いえのぶ》（六代将軍）は待ち構えていたかのように、使者として時の老中大久保加賀守忠増《ただます》を宮のもとに派遣し、葬儀とそれにともなう法会は厳有院《げんゆういん》（四代将軍家綱）他界のときと同様に執《しっ》行《こう》してもらいたいと申し入れ、あわせて、急ぎ日光から帰山した宮には、旅路の疲れは如何《いかが》かと慰問している。まるで宮の十二日の帰山の刻限まで知っていたかのように思われる。この点も、やや不自然な点だといわざるをえない。

ところで、忠増の言葉に宮も長年にわたる綱吉との親交を思い浮べ、話の途中で涙を流してしまった。これを見て、傍らに控える者たちもひそかに袖で涙をぬぐった。

綱吉公の御入棺の日程はどうしましょうか、急いで宮の方からの指示を戴きたい、などと述べ、忠増も涙ながらに退出した。

話によると、今回の法会の一切は、この大久保忠増が司るのだという。なお、ここでいう入棺は、いわゆる納棺のことではなく、綱吉の棺を江戸城から寛永寺に遷座《せんざ》することをいうのである。

やがて、入棺は来る十九日、「おはふり」（御葬《おはぶり》。一般的には埋葬のこと。ここでは葬送の意味）は二十二日とするとの沙汰がでた。ところが十九日はひどく雨が降ったので、入棺は急遽翌日に延期された。しかしその翌日もまた雨だったため、ついに入棺は二十二日まで延期された。だが、実はその二十二日もふたたび雨となったのだが、さすがにその日は雨をついて入棺の儀式が執り行われている。

さて、その二十二日、すべての準備もととのって、江戸城に安置されていた綱吉の遺骸

（お棺）は、北桔橋《きたはねばし》（竹橋と乾櫓《いぬいやぐら》の中間にあり、不浄橋として用いられたため、普段ははね上げられていた）に向かい、そこへ迎僧《むかえそう》として、凌雲院《りょううんいん》大僧正実観《じっかん》（学頭。宮の師範で宮の名代となれる唯一の人物）、信解院《しんげいん》大僧都恵順《けいじゅん》（護国院主）、勧善院《かんぜんいん》大僧都慈仙《じせん》、東漸院《とうぜんいん》大僧都宣英《せんえい》（家光霊廟別当）、円珠院《えんじゆいん》大僧都宣清《せんせい》らが出迎えていた。

ただし、この日は雨天のためか、城中やこの北桔橋での法要はまったく行われていない。綱吉の遺骸は、ただちに恵順、宣英、宣清の三人が徒歩で随行して、上野へ向かった。

一方、この行列に先立って実観と慈仙の二人は上野にもどっている。

人びとは綱吉公が最近この北丸《きたのまる》を造営したのも嗣君への将軍職譲位のためだったのに、それも果たせず御他界されるとは、将軍にも意に任せぬことはあるものだなどといいあって、やまぬ雨の中を道中し、戌刻ごろ（午後八時ごろ）に上野に到着した。

上野では本院（本坊のこと。宮の住居《すまい》でもある）の東方（開山堂側）に急遽仮の御門を設け、遺骸はそこから本坊に入り、三間《みま》続きの部屋の内、上之間《かみのま》に上段を設け、そこへ安置された。

このように、正門や他の既設の門を使用しないということは慣例となっていた。これも不浄を避けるということなのだろう。

ただ、この仮の御門をでてすぐに左に折れる道は、大猷院《たいゆういん》（家光霊廟）への参詣道であったから、何かと都合もよかったのである。

面白いのは、約一万三〇〇〇坪の境内に、三五〇〇坪もの建物を構えていた本坊には、宮の朝夕の看経《かんきん》（勤行《ごんぎょう》）のために目的別に三棟もの仏堂があったにもかかわらず、綱吉の遺骸を三間続きの書院に安置したことである。これも他の将軍の例を見て、慣例的にとられた処置らしい。

ただ、本坊内の歴代将軍の位牌所（仏堂）をあえて使っていないのは、仏堂の規模によるのであろうか、若干の疑問が残る。

なお、後にもふれるように、嗣君が前将軍の葬儀に一切関与しないことは、幕府側が一貫して死の穢れを意識していたこととして、注目しておかなければならないと思う。このことは本坊の東側に仮設の門を設けることとも繋がっており、どうやら幕府側も寛永寺側もともに将軍の死や葬儀をきわめて特異な不時のことと捉え、それが日常に影響をおよぼすことを恐れ、あえてそれを避けようとしている様子がうかがえるのである。

ところで、江戸城からの綱吉の遺骸の移送に先立って、幕府は時の老中などの要職者を本坊に赴かせ、将軍の遺骸の出迎えにあたらせている。その顔ぶれは、松平（柳沢）美濃守吉保（甲府一五万一二〇〇石、大老格）、土屋相模守政直（駿河田中六万五〇〇〇石、老中）、小笠原佐渡守長重（武蔵岩槻五万石、老中）、井上河内守正岑（常陸笠間五万五〇〇〇石、若年寄)、加藤越中守明英(下野壬生二万五〇〇〇石、若年寄)の五人であった。

これに対し、江戸城から遺骸に随行して上野に来たのは、大久保加賀守忠増(相模小田原一一万六〇〇〇石、老中)をはじめ、松平右京大夫輝貞(上野高崎七万五〇〇〇石、御側御用人)、松平伊賀守忠栄(信濃上田五万八〇〇〇石、御側御用人)、稲垣対馬守重富(三河刈谷二万石、若年寄)らであり、全員が徒歩であった。

本坊での綱吉

こうして本坊への入棺が無事終わると、ただちに「五五三」の御膳が供えられる。この「五五三」の御膳とは、正餐《せいさん》の一つで、本膳と二之膳におのおの五菜を、三之膳には三菜をつけたものである。これより上のものとしては、「七五三」の饗膳《きょうぜん》があるが、この内の本膳の七菜を五菜に略したものを「五五三」の御膳と呼んだのである。

つぎに通例の品々が調えられて、お供《そな》えされるのだが、これには「ゆへ(故)有て、落髪せる輩《やから》」がその任にあたったという。いったい、どんな故(理由)があってのことなのか、この文章からではわからないが、『文昭院殿御実紀』(六代将軍家宣の実紀)の宝永六年正月十八日の条には、「小姓黒田豊前守直邦をはじめ、落髪する近習の輩三十人」とあるから、これらの人びとのことであろう。殉死はすでに四代将軍家綱時代の寛文三年(一六六三)五月に正式に禁止されているので、近習たちは髪を下ろして弔意を表したわけである。そんなことから、死出の旅路のことでもあり、綱吉の側近くに仕えた近習で、落髪した者にあえてその任務を与えたのであろう。

一方、この間、側用人として特に綱吉に目を懸けられていた松平（大河内）輝貞は、自ら御勝手に赴いて、万端についての下知をしている。綱吉に仕えた人びとのなかでも、この輝貞は特に綱吉を敬慕していたため、自ら綱吉霊廟の造営担当をかって出たのをはじめ、後年彼が死んだときには、遺言として綱吉の常憲院霊廟に至る道の傍ら（現在の国際子ども図書館の脇。当時山内明王院境内）に特に許可を得て、小さな五輪塔を造らせ、綱吉の宝塔に向かって、自らが手をついて、御前に伺候している姿で埋葬させたくらいなのである。なお、この墓は、昭和の末年に大河内家の子孫によって同家の菩提寺である新座市野火止の平林寺に改葬された。

話を元にもどそう。これらの準備がすべて終わったところで、初めて准后（公弁法親王）自身が出座され、「光明供《こうみょうく》」が修《しゅ》された。続いて読経があって、参列者一同の焼香が行われた。「光明供」とは、光明真言《しんごん》を唱えるとともに種々の密教的修法《しゅほう》を行うもので、滅罪のために修されることが多く、そのため死者の霊を弔うときにはしばしば行われた修法であった。

ここで、あらためて葬送（この場合は葬儀とともに将軍の遺骸を埋葬地に移すこと）は、来る正月二十八日に執り行うとのことが公表された。そして、今日二十二日より来る二十八日までの間、毎日、朝座《あさざ》（朝の法要）は「法華懺法《ほっけせんぼう》」、午時《うまどき》（昼の法要）は「光明供」、初夜《しょや》（夜の法要）は「例時阿弥陀経」の法要を勤めるようにと定められた。

埋葬までの法要

なお、「法華懺法」とは、天台宗の主要な法要の一つで、「法華経」を読誦して、罪障を懺悔《さんげ》し、その消滅を祈る勤行《ごんぎょう》のことである。また、「例時阿弥陀経」とは、「例時作法」ともいい、天台宗で夕刻に引声《いんぜい》で読む「阿弥陀経」を中心とした法要のことである。

そして、これらの法要とは別に終始、遺骸の傍らに随侍する僧侶（籠僧《こもりそう》）四人、宿直する近臣、さらには山内、本坊など所々を警衛する人びとなど、その数はとても数え切れないと秀延は述べている。

もちろん、ここでいう籠僧以下の人びとはすべて交替制で勤めたわけである。籠僧についていえば、一般的には三、四回分の交替用員を配していたと思われるから、かりに四回とすれば、全体では一日あたり一六人もの僧が常に動員されていたことになる。

こうして二十八日の「申終計《さるのおわりばかり》」（午後六時近く）に、「集会《じゅえ》の鐘《かね》」（法要のために参集を促す鐘）が撞《つ》かれ、寛永寺一山をはじめ、各地の天台宗の寺から招集された僧侶たちが鈍《どん》色《じき》の納袈裟《のうげさ》を着けて本坊に参集する。「鈍色」とは「にびいろ」のことで、もともとは青・黄・赤・白・黒の五色のそれぞれをやや鈍くした色の衣のことをいう。また、「納袈裟」とは、「納衣《のうえ》」のことで、「法衣」の一種である。

さて、これら出仕《しゅつし》の僧侶たちによる「庭の讃」が終わると、「酉刻計《とりのこくばかり》」（午後六時ごろ）にいよいよ「御出棺」となる。なお、「庭の讃」とは、いわゆる庭儀《ていぎ》と呼ばれる野外でのもので、僧が目的の場所に向かって行列を組んで歩を進めながら唱える「四智梵語《しちぼんごの》讃《さん》」のことをいう。この行道中《ぎょうどうちゅう》には、四智讃を唱えながら途中で鈸《はち》を鳴らし、鐃《にょう》を打ちながら歩くのである。

この四智讃がすむと、つぎに本坊の東側に設けられた仮の御門から出るのだが、ここから御廟（墓）の所までの道の左右のすべてには幕が張り廻らされ、その道筋はすべて白布が敷かれるのである。しかもこの道筋の左右には、一間《いっけん》おきに高張提灯《たかばりぢょうちん》がかかげられるのである。ちなみにこの白布を敷くという仕来《しきた》りは、かつて家康の遺骸を久能山の山上に安置した元和二年（一六一六）以来のものである。

そもそも将軍の葬儀や法要で最も大切な部分は「夜儀《やぎ》」といって、夜に入るころから執り行われるのであり、このことは京都の妙法院門跡の菅原信海御門主の示唆通り、家康のときに天皇家の儀礼を模して行ったことにはじまると考えられる。

夜中に灯明や提灯（蠟燭《ろうそく》）の光に照らされた白布の道を歩む（もちろん履物は使用しない）人びとは、その荘重な雰囲気にうたれたであろう。筆者はいまさらながらに、この美事な演出を考えた人物に敬意を表しているのである。

ところで、秀延自身は、この道筋にかかげた灯火は、中有《ちゅうう》の間も綱吉の行手を明るく照らしてくれるだろうと感懐を述べている。なお、中有とは中陰《ちゅういん》のことで、人がその死後、つぎの世界に生まれかわるまでの間（通常は四十九日間）をいう。

さて、この間に、宮は常の御所（本坊内の宮の住居）から直接廟の方へ向かい、行列には参加しない。また、このとき秀延自身も烏帽子《えぼし》、直垂《ひたたれ》を着けて宮に供奉している。

六代家宣の『文昭院殿御実紀』の宝永六年正月二十七日の条によると、葬列に加わる諸大夫（わが国では五位の者の通称）以上の者は衣冠、無位の者と落髪者は長袴、布衣《ほい》（五位に至らない官吏）の者は応当の衣服、それより以下の者は素襖《すおう》、賤吏は半袴を着用するようにとの沙汰があったことがわかる。とすれば、秀延は諸大夫以上の格式で待遇されていたことになる。

なお、素襖とは袖の長い上下の衣服で、これの袖を詰めたものが肩衣袴《かたぎぬばかま》ということになる。

さて、この日は朝から雨が降っていたが、申刻《さるのこく》（午後四時ごろ）から雪霰《ゆきあられ》が加わって

図12　五代将軍霊廟勅額門

くるなかを綱吉の遺骸はようやく廟についた。ここでいう雪霰とは、雪に雹《ひょう》でも混じったものをいうのであろうか。

ただ、綱吉他界公表の当初は、ひどく天候を気にしていたにもかかわらず、ひとたび江戸城を出た後は、晴雨にかかわらず、予定通りに運ばれていることがわかる。

なお、秀延の感覚からいえば、「此年頃、御成とて、さ計《ばかり》いミ（じ）しかりし御よそ（装い）ひ」はなかったというのだから、当時は将軍御成とはいっても、さして厳かな装いではなかったのであろうか。

それに引き替え、この行列は、伶人《れいじん》（雅楽《ががく》を奏する人。楽人ともいう）も色とりどりの肩衣《かたぎぬ》をつけて先導するし、これに続いて衆僧（大導師以外の出仕の僧。大衆ともいう）、さらには供奉《ぐぶ》する人びとも、おのおの衣冠、布衣などをつけて、「しとろに」（心の働きや言動が乱れた様子）並ぶ姿は、とても悲しいものがあると秀延は感じていた。

その後、雪がますます降りしきる状態となったが、秀延はこれも「法《のり》の花」であると受けとめ、さらに焚《た》く香の香りと吹きすさぶ風の音も、極楽の聖衆《しょうじゅう》が来迎《らいごう》するときの音色なのだと、なんとかよい方へよい方へと考えようとしている様子がうかがえる。

一方、現地の御仮屋で綱吉の棺を迎える輪王寺宮は、用意された椅子に着座して待つことになる。

ただこの現場は狭いので、傍らには護法院（前寒松院住職。当時長岡安禅寺住職）と権僧正公然、行厳院《ぎょうごんいん》（寒松院住職）大僧都公英《こうえい》、金蔵寺（横浜日吉）権大僧都恵海《けいかい》、燈明寺（江戸下谷）権大僧都恵寂《えじゃく》、それに坊官の吉川《きつかわ》法印養盛《おさもり》、万里小路《までのこうじ》法印承信《つぐのぶ》、小林内蔵《くらごんの》権頭保孝《かみやすたか》と薗田秀延だけが付き添っていた。

やがて起龕《きがん》、鎖龕《さがん》（蓋棺ともいう）の作法、すなわち棺を江戸城から寛永寺に移送して法要を勤め、最後に鎖《くさり》で棺を閉じる作法全体が無事終わったというわけで、実観《じっかん》（凌雲院住職、学頭）が出て歎徳文《たんどくぶん》（綱吉のことを讃嘆する文章）を読みあげた。ついで宮が椅子を立たれ、樒《しきみ》の一枝を持って、「是法住法位、世間相常住」（「法華経」方便品の句）と唱え、樒を投じ、ふたたび元の座に就かれた。辺りの様子がいかにも「うちしをれ」、すなわち意気消沈した様子だったので、秀延はひどく涙を流して泣いたという。

さて、宮の作法が終わると、ただちに綱吉の棺は、かねて廟穴の外側に設けられていたお仮屋に、恩顧の人びとの手によって納められた。何時廟穴に納められたのかの記載はない。

図13　五代将軍宝塔

ここで、嗣君（家宣）の名代として、老中の土屋相模守政直が拝礼し、宮は政直に会釈した後、本坊へ還御された。

なお、ここにいたっても、まだ家宣がその姿を見せないのは、当時としてはごく普通のことなのである。そして、そのことはひとえに死の穢《けが》れが次期の将軍である家宣におよぶことを恐れてのことだったのである。

雪はまだやまなかったが、こうして子刻計《ねのこく》（午前〇時ごろ）にすべてのことが終わり、一同が退出したのである。本坊でこれを伝え聞いた秀延は、

世の中は　夢まぼろし《（幻）》よ　なき《（亡）》玉《（霊）》の
あり《（在）》か《（処）》をそこ《（其処）》と　しる《（知）》人もな《（無）》し

と詠んでいる。

ここにいう「玉」とは、もちろん綱吉のことで、世の中は夢、幻のごときもので、綱吉公が他界されて、今、一体どこにおられるのか誰も知る人はいない――ということであろう。

中陰の法要

〔翌二十九日〕瑠璃殿《るりでん》、すなわち今の中央噴水の地にあった根本中堂《こんぽんちゅうどう》（本堂のこと。綱吉自身が創建した）に仮の「御位牌所」を設け、今日を初七日の逮夜《たいや》（忌日の前夜をいうが、ここでは前日に行われるすべての法要をいう）と定めた。辰の半刻（午前九時ごろ）に集合の鐘が鳴らされ、衆僧が参堂（中堂に入ること）し、巳刻（午前一〇時ごろ）に、後度《ごど》の鐘（死後の法要開始を告げる鐘）が撞《つ》かれて、奉行らも参堂、「百光明供」という密教による法会が執り行われた。

この法会には准后の宮（公弁法親王）自らが大導師として、厳かに供奉の僧とともに参堂する。このとき、宮は勅額門（中堂を廻る廻廊の正面の門に掲げられている御水尾天皇の宸《しん》

筆《ぴつ》「寛永寺」の勅額のこと。中堂には東山天皇の宸筆「瑠璃殿」の勅額が掲げられていた）のの前で輿《こし》をおり、中堂に入る。

もちろん宮の入堂の前には、参列の公家衆はもとより、伶人、従僧、十弟子、さらには大西淡路守源之喬、岸本土佐守源利尹、矢田陪《やたべ》長門守源好古、それに秀延という四人の坊官たちも衣冠を調えて参堂している。これらの参堂の順序は、すべて「下臈為先《げろういせん》」（経歴の浅い者を先とする）といって、下の座の者から順次入堂することになっていた。

以上の人びとの参堂が済むと、上童三人がこれに続き、その後に扈従《こじゅう》（お供）する僧正をはじめ、院家、大西法印源竜、吉川法印養盛、童子の長《おさ》が並び、御車副《みくるまぞえ》の者、布衣の面々が陪従（付き従う）するのである。

参堂した秀延は、堂内の様子を、飾りはひどく「けさやかに」（はっきりと）見えて、荘厳《しょうごん》用の幡《ばん》（はた）や花曼《けまん》（華鬘、堂内の欄間《らんま》などにかける）は、彼の仏の国もこんなであろうかとさえ思われるほどだと述べている。

さて、堂内にはすでに参堂していた伶人の楽の音が流れ、大導師の宮が階段を昇ってくると、階上、階下に控える奉行以下の役人たちは、平伏してこれを迎えるのである。宮はこれらの人びとに会釈をした後に座に着く。供奉の面々も階段を昇って、宮の後方に着座するのである。

今日は空もよく晴れわたり、「観普賢経」のなかの「衆罪如霜露、慧日能消除」の句ではないが、衆々《もろもろ》の罪も霜や露のように仏の智慧の光によって消えてしまうだろう。特に今行われている法会は、類い稀れな有難いものだから、尊霊（綱吉の霊）も嘸《さぞ》かしこの供養を喜んでおうけになるだろうというのが、この法筵《ほうえん》に参列していた秀延の感想であった。

そう感じていた秀延は、折から聞こえて来た鶯の鳴声に、

たくひ（類）なき　法《のり》のむしろ（筵）に鶯の
なく（鳴）音《ね》もけふの　手向成《たむけなる》らん

と詠じている。もちろん法の筵は法筵（法会）のことで、手向は鶯の音とともにこの法会の功徳《くどく》を綱吉公にお供えすることである。

こう詠んだ後、秀延は続けて、すべての法会の様子はとても自分の筆のおよぶところではないので、そのことは省略すると述べている。よほど深く感動したのであろう。

こうして法会がすべて終わると、宮は中堂の真後《まうしろ》にある出入口から真っすぐに本坊の御座所へ還御するのである。

〔二月朔日《ついたち》〕今日も晴れた。初七日忌の法要があり、宮が大導師を勤め、胎曼荼羅供《たいまんだらく》（胎蔵界曼荼羅供＝胎蔵界曼荼羅を懸けて行う密教の修法）の法要が執り行われた。

〔二日〕朝から雨だったが、巳刻計（午前一〇時ごろ）に晴れた。今日は二七日忌の逮夜

として、法華八講《ほっけはっこう》の内、巻の一から巻の四までが講じられた。

法華八講というのは、「法華経」八巻を一巻ずつ八つに分けて講ずる法会で、この日、精義《しょうぎ》として宮が出座された。精義とは証義者ともいい、八講で行われる問答の内容を判定批評する重要な役目であるが、この日はこの役は学頭でもある僧正実観が勤めているので、宮は証誠《しょうじょう》（証誠師ともいう）として法会全体を見届ける役目をされたのであろう。なお、少々ややこしいが、この証誠も本来は精義と同じである。ただ、精義（証誠）が複数いることもあるので、別に矛盾はしないが、ここでは宮の学問上の師である学頭が精義を勤めているので、宮は見分役と考えた方が妥当だろう。

なお、この日は秀延自身も布直垂《ぬのひたたれ》を着けて参列した。

〔三日〕曇り。二七日忌のこの日も法華八講が行われ、巻の五から巻の八までが講じられた。参堂の仕方は朔日と同じだという。

この日、宮は文字通り精義の役をつとめたが、その声は艶があり、かつ美しく気品もあって、まことに妙《たえ》なるもので、その言葉の流れもまったく滞《とどこお》ることがなく、今まで数々の苦労をして学問を積んできた僧侶たちはもちろんのこと、私たちのような凡俗の者もまことに有難く承ったと、秀延は述懐している。

〔四日〕雨が降りだした。この日、三七日忌の逮夜のお勤めとして「布薩戒《ふさつかい》」（説戒《せっかい》のこと、戒律を説き聞かせること）が修《しゅ》せられた。

宮は証誠師として、いつも通り、定められた時刻（法要開始の直前のこと）に裏手より参堂し、着座した。

秀延は、衆僧がそれぞれの衣躰《えたい》を着けている様子は、まことに殊勝（格別によいこと）であると述べている。赤・玉虫《たまむし》・松襲《まつがさね》（紫と玉虫を織り合せた色）・紫など色々な色衣《しきえ》に袴と五条袈裟をつけた装束は、平安の世を想わせたのであろうか。

〔五日〕曇り。今日は三七日《みなのか》にあたるので、早くから嗣君の御使として久世大和守が参詣に訪れ、果物一品を霊前にお供えし、何くれとなく仰せごとがあった。

また、寛永寺に詰めている奉行衆たちへも、同じように、大和守から仰聞《おおせき》かせがあった。

この日、申刻（午後四時ごろ）、御堂の傍らの仮の一間《ひとま》に福聚院慶海を召し出し、大久保加賀守から、先君（綱吉）の御霊屋《おたまや》（「ごれいや」「ごりや」ともいう）の別当に任ずる旨が伝えられた。『文昭院殿御実紀』によれば、この福聚院慶海は、綱吉のために現在の寛永寺本坊の地に新たに建立される「大慈院」の住職に転住し、別当職を勤めるのだとある。

そしてこの点は、寛永寺側の記録とも完全に一致している。

なお、こうした重要な人事は、宮と将軍（現実には幕閣）双方の合意の上で発令されることになっていた。

〔六日〕今日も曇った。四七日忌の逮夜として「法華頓写《ほっけとんしゃ》」が行われ、平家は「照嶋検校に仰」せつけた。

法華頓写とは、大勢の僧が集まって、平家琵琶の語りを背景に、一斉に「妙法蓮華経」を書写する法会のことである。その際、あらかじめ個々の僧侶の担当する範囲が定められていて、後日、その写経紙を継《つ》ぐと、「法華経」八巻のセットが何組もできあがるわけである。

また、秀延によれば、照嶋検校という人は、当時琵琶の名手として世に知られた人で、そのため、特に選ばれてこの法会に加わったのであろう。まことに面目を施したものだと人びとが噂しているという。

この日、宮はこの頓写の行われている間だけ出座された。

〔七日〕四七日忌の当日、明け方から雨が降り出した上に雷鳴が耳を轟かし、雷光も目を驚かすような有様となった。

今日も前日に引き続いて法華頓写が行われたが、雨のため宮は裏手から参堂した。もちろん、他の人びとはそれに先駆けて入堂していた。

〔八日〕曇り。五七日忌の逮夜として、「六道講式《ろくどうこうしき》」が修された。

導師は大僧都恵順で、宮も証誠師として出座した。講式師《こうしきし》の唱える声が、天人や修羅《しゅら》の有様そのものに聞えて、きわめて殊勝であった。ここにいう六道講式とは、地獄・餓鬼《がき》・畜生《ちくしょう》・修羅《しゅら》・人・天のいわゆる六道のそれぞれについて、講式を作って唱える法会のことである。

〔九日〕今日も曇り。法会は「金曼荼羅供《こんまんだらく》」、すなわち金剛界曼荼羅を懸けて、声明《しょうみょう》を唱えながら行う密教の修法であった。

宮は大導師として、正式な行程を踏んで入堂した。

先君（綱吉）の御台所《みだいどころ》（正室《せいしつ》）は、かねて髪をおろして浄光院《じょうこういん》と呼ばれていたが、この日、この春先から罹《かか》っていた疱瘡《ほうそう》によって他界したと聞いた。綱吉公の他界をお歎きのあまりのことだから、きっと薬もよく利かなかったのであろうと秀延は述べている。

なお、この綱吉の正室とは鷹司《たかつかさ》左大臣教平の息女信子のことで、綱吉との夫婦関係のもつれから綱吉を呪咀《じゅそ》したなどとの噂が流れ、そのため死後の石塔（宝塔）も後の尾張藩主徳川宗春と同様に、特殊な扱いをされたという話が伝わっている人物である。

それにしても、その死の当日に坊官の秀延が正室の死を知っていることは、きわめて不自然である。この点からしても、正室浄光院の死は、実際にはこれよりかなり前のことで、この日が公式発表の日であったと考えられるのである（他の実例から見て五日〜一〇日くらい前のことだといっていい）。

〔十日〕快晴。山門（比叡山）、二荒《にこう》（日光山）、当山（東叡山）のいわゆる三山《さんざん》の衆徒を集め、「妄心《もうしん》の転不転」という論題で論義（法門についての問答）が行われた。順序から考えて、これが六七日忌の逮夜法要なのであろう。

秀延は答難《とうなん》（答えと質問）がともに弁舌爽やかに行われて、いずれが優劣とも決めがたいと感想を漏らしている。

特に、今日は月忌（月の命日）である。綱吉公は在世中にも、各宗の僧侶を召して、こうした法門をお聴きになっていたから、嘸《さぞ》かし今日の問答も快くお聞きなされただろうとは秀延の感想である。

この日も宮は出座した。

〔十一日〕この日、六七日の法要として、「法華読誦」（「法華経」を読むこと）が行われた。

この日は雨だったので、宮はいつもの通り、裏口から参堂し、大導師を勤めた。御堂（根本中堂）に満ちみちた大徳（有徳の高僧）たちの読む経の響きは、どんな罪障でも、たちどころに消滅するだろうと思われた。

巻之一が読み終わると（以下同じ）、間に奏楽（雅楽）が入れられた。それに加えて、雨の音も琴のひびきのような心地がした。

巻之一の読了をまって、宮は退出し、巻之二からは護法院権僧正公然が導師を勤めた。やがて、巻之八まですべてが読み終わったところで宮がふたたび参堂し、焼香した。

なお、ここに「ミちミちたる大徳たち」とあるのは、四代将軍家綱（厳有院）の法会のときと同様で、厳有院の葬送記録によれば、一回の法会に五〇口《く》（人）、一〇〇口の僧侶が出仕するのは普通で、最大三〇〇口もの僧が出仕していたことがわかる。

秀延がその大合唱に驚嘆しているのは、少しも不思議なことではないのである。

〔十二日（十三日）〕曇り。今日十二日は七七日忌の逮夜にあたるので、「四箇《しか》法要」が営まれ、宮は証誠師として裏口から参堂した。

四箇法要というのは、唄匿《ばいのく》、散華《さんげ》、梵音《ぼんのん》、錫杖《しゃくじょう》という四種の声明《しょうみょう》を中心とした法要で、大きな法会にあたって営まれることが多い。なお、この法会には楽《がく》を挿入する場合もある。

明くる十三日には施餓鬼会《せがきえ》が行われる予定で、その大導師は宮自身がお勤めのはずである。

施餓鬼会とは、清浄《しょうじょう》な地や水中に食物を投じ、餓鬼道に苦しむ餓鬼たちに施し、あわせて読経供養することによって、その苦から脱せしむるための法会。鎮魂のために営まれることが多い。

〔十四日〕快晴。今日は百ヵ日忌の逮夜のために、「一切経《いっさいきょう》」の転読《てんどく》が行われ、宮は証誠師として裏口から参堂、出座した。

転読をはじめる前に、まず「妙法蓮華経」の巻之一が読まれ、中間で巻之五、終わりに巻之八が読まれた。

秀延は、普段はまったく見ることもできない法会なので、ことさらに素晴しいことだと述べている。

なお、「一切経」とは、「経」「律」「論」の、いわゆる三蔵と、その註釈書を含めたすべての仏教経典のことである。通常六〇〇〇巻をはるかにこえる巻数（例えば天海版では一四五三部、六三二三巻、六六五函《はこ》）からなっている。

その「一切経」を転読するというのは、経題のみを読み上げ、転読文を唱えながら、経典そのものは開いて、左上から右下に流し読みをすることである。

転読というのは真読（実際に読むこと）に対する言葉で、いわば略式の読み方だといっていい。一般的には「大般若経」六〇〇巻の転読がよく知られている。

〔十五日〕晴。いよいよ最後の法会である百ヶ日忌を迎えた。

この日、卯刻（午前六時ごろ）に、早々と松平大蔵大輔勝識が嗣君の使者として来山し、この間（初七日忌から今日百ヵ日忌まで）、「まったく暇なくお勤めいただいたが、お身体のお具合はいかがでしょうか」と、宮に労《ねぎら》いの言葉をかけ、「折ひつめく品々」を呈上した。「折ひつめく」とは「折密《ひっ》めく」であろうか。とすれば、稠密《ちゅうみつ》という言葉もあるように、密は稠と同意で、「しげし」であり、疎の反対語であるから、折に一杯詰った品々のことになるだろう。

さて、そうするうちに、早くも参集の鐘が鳴った。こうした大法会中には、時刻を告げる時の鐘は一時鳴鐘を中止し、その時の鐘の鐘撞役が儀式用の梵鐘を撞くのが慣例であった。ただ、参集の鐘は本坊内にある半鐘を用い、儀式鐘は法要開始に合せて撞かれた。やがて、宮も参堂して、「合曼供」（合行《ごうぎょう》の曼荼羅供のこと。胎金両界の曼荼羅を懸けて、声明と密教の修法を行う）の法要が営まれた。

御納経開始

この日、法会とともに、宮は自身で書写した「普門品《ふもんぼん》」（「妙法蓮華経観世音菩薩普門品第二五」の略称）を納経された。経典は柳筥《やなぎばこ》に載せて、法印承信が外陣《げじん》まで持参し、そこで世尊院広屯が受け取って、内陣に納めた。これを見ると、やはり僧侶ではないため、坊官の承信は内陣へは立ち入ることができなかったようである。

そしてこれを皮切りに、この日から諸侯・大夫以下は、それぞれの順序（格式）を考慮した上で、あらかじめ日時を定めて、納経、拝礼に来山することになる。ということは、百ヵ日忌がすむまでは、諸大名（幕府関係者を除く）は一切参詣できなかったわけである。しかも拝礼は、もちろん根本中堂に安置された仮位牌への拝礼であって、綱吉自身の遺骸に対するものではないのである。

また、この日から諸寺諸山の僧（多くは天台宗以外）も、それぞれ国元から参詣のために来山し、納経もしていくが、秀延はその数があまりに多すぎて、とても記録できないと述べている。

こう見てくると、綱吉の他界後の法要は、入棺と当初仮安置した本坊でのそれを除けば、すべてこの根本中堂で行われていることがわかる。特に初七日忌から百ヵ日忌までの正式の法要は、仮位牌を祀ったこの根本中堂で行われ、その際は諸大名の参拝を認めていないのである。いいかえれば、目下工事中である御霊屋の仮屋に安置されている綱吉のもとへは、関係者以外、誰も近づくことを許さなかったのである。

ただ、このことは、すでにかつて家康を久能山上に仮安置したときにもみられることで、工事中の未整備な状態の仮屋を公開することは、権威の失墜にもつながりかねないと考えて、意識的にこれを避けたものだと考えられる。

こうして諸大名らの参詣が許され、特に縁《ゆか》りのある大名などは、納経することも認められたが、それらの場所はすべて根本中堂だったのである。

〔十六日〕晴。今日は贈位・贈官の勅使が来山するというので、宮も卯刻（午前六時ごろ）に出座した。中堂では、外陣の向かって左側に畳を敷いて、鈍色《どんじき》七条の衣躰《えたい》をつけて着座した。

贈位・贈官

ここでいう贈位・贈官というのは、綱吉の他界にあたって、朝廷から贈られる「官位」のことである。

勅使（東山天皇の使者）は菊亭内大臣藤原伊季《これすえ》で、この伊季は、宮の参堂に先立って参堂する。このとき、勅使は中堂の階下で一揖《いっしゅう》（一礼）したあと参堂し、宮と同じ外陣左手の畳に着座して、宮を待つのである。

また、仙洞《せんどう》（霊元上皇）の御使は醍醐大納言藤原昭尹《あきただ》で、同じように参堂し、右手に着座する。

さらに、春宮《とうぐう》（皇太子慶仁《やすひと》親王、後の中御門天皇）の御使・小川坊城藤原俊清《としきよ》（中納言）、女院《にょいん》（霊元天皇の中宮、新上西門院）の御使・綾小路宰相《さいしょう》（大納言のこと）源有胤、中宮（東山天皇の中宮）の御使・中山宰相藤原兼親、大准后（東山天皇の母君）の御使・町尻三《さん》位《み》藤原兼量《かねかず》らが同様に参堂着座した。

宣命使《せんみょうし》（詔《みことのり》を伝達する人）は平松少納言　平　時香《たいらのときか》（『徳川実紀』では時春とある）朝臣《あそん》

で、宣命は読み終えると、位記《いき》とともに大僧都恵順が受け取って、内陣に供えた。

ところで、こうした贈位・贈官の儀式が、他の朝廷がらみの儀式と違って、江戸城で行われるのではなく、寛永寺の根本中堂で行われていることは注目しておくべきであろう。この儀式が死後の綱吉への贈位・贈官である以上、その霊前で行われるのはむしろ当然なのである。

なお、こうしたことは慣例であったらしく、今筆者は一〇代将軍家治の嫡子で、すでに将軍職襲任が決まっていた家基（孝恭院《こうきょういん》）の急死にともなう贈位・贈官が寛永寺で行われた例も把握している（家綱の例参照）。

さて、この贈位・贈官の儀式が終わると、つぎに朝廷（天皇）よりの「御贈経」（納経）があり、さらに上皇以下の御使からも御納経があり、最後に各御使の拝礼が行われた。宮はこれを見届けた上で、退出した。

秀延は、この日のことを、こんなことは最初から最後まで江戸の方ではまったく目馴《めなれ》ぬことばかりなので、筆にも言葉にもあらわしようがないと述べている。

こうして、この日、綱吉は正式に「正一位、太政大臣」を追贈され、合わせて「常憲院」の院号も賜わったのである。なお、こうした贈位・贈官は慣例的なもので、将軍は他界すれば正一位、太政大臣に叙任《じょにん》されることになっていた。なかには家康のように、生前に太政大臣を贈られた例もないではないが、これはあくまでも例外だといっていい。例外といえば、歴代将軍中ただ一人、七代将軍家継《いえつぐ》は「内大臣」にしかなっていないが、これは当の家継がわずか八歳で他界したことによるもので、そういう意味で、他の成人した将軍と同列に考えること自体に無理があるわけである。

さて、贈位・贈官・納経の儀式がすべて終わり、辰刻計《たつのこくばかり》（午前八時ごろ）になると、嗣君（家宣）が綱吉の他界後初めて廟参に訪れる。

ここでようやく廟所のことが出てくるわけで、それまでは、去る一月二十八日に廟所の仮屋への遺骸の移送を記した以外は、一切廟所についてはふれられていないのである。しかも、注目すべきことは、十五日に百ヵ日忌の法要が済み、今日（十六日）、贈位・贈官の勅使が下向《げこう》来山するまでの間、嗣君の家宣はただの一回も法要に姿を見せていないのである。これは、前にもふれたように、おそらくは綱吉の死を穢れと考え、それが家宣に移ることを恐れていたからだと思われる。

当時こうしたことはすべて当り前のこととされていたため、あまり表立ったかたちでは出てこないのだが、将軍の葬儀や埋葬などはすべて筆頭老中（大老がいれば大老）が喪主となって執行されることになっていたのである。

また、廟所が一定の形態をととのえるまでの間、外部の人間の立ち入りを一切禁止したことも当然のことで、こうしたことはすでに古くは久能山上における家康の廟所にその先例があるくらいで、決して綱吉のときにはじまったことではない。

ついでながら、四十九日（七七日）や百ヵ日の法要がすべて仮位牌を安置した根本中堂で（遺骸のある廟所ではなく）、しかも連日にわたって行われているのも、そのためなのである。

もっともこの秀延の記録では、一見、各忌日とその逮夜に各日一回だけの法要が行われただけのように思われるが、それは秀延がその日その日の最も主要な法要だけを記録したためであり、実際の法要は各日とも、一日三回（朝、日中、夜）行われていたのである。

家宣参詣

ところで、家宣の廟参には宮も出向かれるので、宮と家宣は、綱吉の他界後、この廟所ではじめて顔を合わせることになる。

ここで家宣は宮に対し、この日までのことについて、「こまやかに謝せしめ給ふて」、江戸城へと還御した。「こまやかに」というのだから、相当丁寧《（ママ）》な挨拶だったのだろう。

その後しばらくたって、大久保加賀守忠増が、白銀二万両（二〇〇〇両ヵ）と小袖二〇領を持参して、宮に献上した。もちろん一連の葬儀と法要などに関する御礼である。

また、あわせて衆僧への御施物《おせもつ》（御布施）、特に僧正、院家、坊官などにもそれぞれ拝領の品があった。このとき秀延自身も、小袖参領を拝領している。

さて、秀延はじめ居合わせた一同が、まことに綱吉公が御在世ならばと打萎《うちしお》れている間にも、時は経《た》って、はや午刻（正午ごろ）を過ぎていた。

秀延は、綱吉の三〇年にもおよぶ治世も、過ぎ去ってみればまったく「邯鄲一炊《かんたんいっすい》の夢」（中国の『枕中記』の夢物語）と変わらないと述べ、綱吉公は何かと政《まつりごと》にも力を入れて、「四《よつ》の海、八島《やしま》の外」（国の内外）まできちんと治められていたのだと述懐している。

さらに、あの海人《あまびと》や猟師《りょうし》にとっては、その影さえ薄くなるような掟（いわゆる生類憐みの令のこと）を出して、生きとし生けるものすべての命を救おうとした、その功徳は類いなく甚大であるけれども、その功徳さえも、「終《つい》の道」（人生の終わり）にあたってはかぎりあることとなのだろうかというのが、秀延の偽らざる心境だったようである。

ただ、ここで秀延が漁師や猟師のことをとりあげながら、あえて綱吉の政治になんの異議も唱えていないことが注目される。

おそらくその背景には、公弁法親王と綱吉との、永年にわたるきわめて深いつながりを傍らで見続けてきたという事実があったと思うのである。すなわち、あの赤穂事件のときをはじめ、常に綱吉と宮は昵懇の間柄であった。家光以来の寛永寺の懸案であった根本中堂や山門など多くの伽藍《がらん》を、綱吉が一手で建立した背景にはこうしたつながりがあったのである。

しかも綱吉は自ら創建したその根本中堂で、初めて一切の法要を営んだのである。

ところで、この記録の最後に秀延はこう詠じている。

あふき《（仰ぎ）》見し　月の光も　いつ《（何時）》しかに
入さの山の　雲に隠るる

ここにいう「仰ぎ見る月の光」とは、当然将軍綱吉のことをさしている。ただ、こうした用例は決して珍しいことではなく、すでに三代将軍家光に殉じた老中阿部《あべ》重次《しげつぐ》の辞世の一首においても、家光を月の光とたとえているくらいである。なお、「いるさ山」という秀延の記録の題がこの一首から採られていることは間違いないだろう。

ついでながら、「いるさ山」とは、死者の赴く西方にある山のことで、この一首は月の光（綱吉）がこの山陰《やまかげ》にかくれること、いいかえれば、綱吉が文字通り西方の弥陀の浄土に向かったことを暗示しているのである。

一品親王の死

公弁法親王薨去

正徳六の年卯月中の七日、大明院宮《だいみよういんのみや》薨せさせ給ひつと、同廿二日の
夕つ方告来りぬ

『手む《た》け(向)山』と題したこの記録は、こういう書き出しではじまっている。この記録を残したのは、前にも紹介した薗田秀延である。そして、この秀延は、すでに述べた通り、大明院宮一品公弁《こうべん》法親王の側近くに仕えた坊官《ぼうかん》の一人だった人物である。

以下、その秀延が綴った宮の死と葬送の記録『手むけ山』によって、その様子を辿ってみたい。

なお、こうした現実に即した宮の死に関する記録は、現在のところ他にその例を見ないもので、将軍の死時の記録との比較という一点から考えても、また葬送儀礼の研究から見

ても、きわめて貴重な史料なのである。

正徳六年（＝享保元年〈一七一六〉）の四月中の七日（十七日）に、公弁法親王が山階《やましな》（現山科）の毘沙門堂門跡において薨去（逝去）された、との報らせが二十二日になって東叡山寛永寺にもたらされた。秀延らが五日もたってこの事実を知ったのは、後にも詳しくふれるように、このとき公弁法親王は京都に赴いていたからである。

この通報をうけて、今の東京国立博物館の地にあった東叡山の本坊（宮の住居でもある）には、急遽集まった人びとが、ただ「どうにもわく（分）方なし」（理解し難い）といった状態でいた。

ところでこのときの現職の輪王寺宮は、前年の正徳五年の五月二十日に、公弁法親王（後西天皇第五皇子、元禄三年〈一六九〇〉五月二十九日襲任）の跡をうけて襲任された公寛《こうかん》法親王（東山天皇第三皇子）であったが、当時宮は例年のように厄月《やくづき》の正月、五月、九月に日光山で行われる祈禱会に備えて、すでに日光山に出向いていたのである。

このため、上野（東叡山）に残っていた留守を預かる者たちは、まずこのことを日光山にいる公寛法親王に報らせなければならないと考えて、早速使者を日光に派遣した。

一方、公弁法親王については、「さりし八重末の四日、御駕《おんが》（駕籠）を山階《やましな》のお寺へ赴せ給ふ」とある。宮はこの年の春先から体調がすぐれなかったのを、押して山階に向かったのである。このとき、秀延は宮を品川駅（宿）まで見送っている。ここにいう「八重末の四日」という言葉の意味は明らかではないが、前後の記述からみて、三月二十四日と考えるべきであろう。

そして、この点は『手むけ山』の後半の記事や『有章院殿（家継）御実紀』の巻一五の三月二十一日の条に、「この日公弁法親王の上京を餞《はなむけ》せられて、一位尼公（綱吉夫人天英院）より浅黄羽二重《あさぎはぶたえ》十疋、三位尼公（家継生母月光院）より白羽二重十疋をくらせたまふ」とあることによっても裏付けられるのである。

秀延によれば、宮は四月五日に山階の毘沙門堂に到着されたとあるから、宮の一行は宮が病だったためか、普段よりかなり急いだ道中であったと思われる。というのは、当時ごく普通に道中した場合、江戸—京都間は一五日程度というのが常識的な所用日数だったからである。

ところが、三月二十四日江戸を出立した宮は四月五日には毘沙門堂に到着したというのだから、所用日数は足掛け一二日ということになるのである。おそらく病の身の宮を一刻も早く京都の医師に委《ゆだ》ねるため、途中の遊山などは一切省略して、ひたすら京都へと急いだのであろう。

東叡山と毘沙門堂

この山階の毘沙門堂門跡は、東叡山寛永寺の開山、慈眼大師《じげんだいし》天海大僧正、第二世公海大僧正もかつて住職した寺で、当時、歴代の東叡山の山主が、上野に入山する前に、まずこの寺に入ることが慣例となっていた名刹《めいさつ》である。しかも、寛永二十年（一六四三）の十月二日に入寂した天海の遺言のなかに、当時ややさびれていたこの毘沙門堂門跡の再興という一条があったのである。時の将軍家光はただちにこれら五ヵ条の遺言の実施を命じたのだが、ただ一つ、この毘沙門堂再興だけは果たせなかったのである。

そして、それはやがて、寛文五、六年（一六六五〜六六）になって、四代将軍家綱によって、当時の京都市中から寺地を現在の山科に移すかたちで実行されたのである。

このことについては、現在毘沙門堂門跡に所蔵されている公海の書状にもはっきりと書かれているし、その公海の伝記である『久遠寿院准三宮伝』にも同様の記載がある。

したがって、公弁法親王は、まずこの再興された毘沙門堂門跡に公海の弟子として入り、そこから東叡山に入山したのである。

元禄八年（一六九五）に上梓された『久遠寿院准三宮伝』の跋文《ばつぶん》を公弁法親王が書いているのも、そうしたわけなのである。

というわけで、この毘沙門堂は、朝廷（京都）の出身である宮にとっても、特に思い入れの深い場所だったのである。

東叡山主を引退した宮が、京都のなかでも山階を選んだのはそういう理由だったのである。

ただ、そうはいっても、宮は長いこと東叡山に住んでいたわけだから、上野への名残も深かったらしく、「御よそひ」(御装)も、つまり出発のための支度も、まったく普段とは違って見えたと秀延は書いている。

さらに、秀延は、宮はこの春(年初)ごろから身体の具合が普段のようではなかったのに、それを押して(京都までの)長旅をしたので、おそらくはその疲れが出たのではないか、と述べ、四日市の駅(宿場)から、具合の悪さが弥増《いやま》してきたのを、何とかだましだまし、ようやく四月五日に山階のお寺に辿り着いたのだと付け加えている。

山階に着いた宮は、その翌日からますます篤い病状といった様子になった。ただ、山階に着くと、ここまでの道中にずっと随行してきた将軍家継が差し向けた武家医師(幕府の御典医)に暇《いとま》を賜わり、代わって花洛(京都)の医師原芸庵《はらげいあん》が薬を進めることになった。

宮と将軍の死

今、この辺りの事情を『有章院殿御実紀』(家継の実紀)に見ると、正徳六年三月九日の条に、「大明院准后公弁法親王、去冬参府したまひしのち、とにかく病がちにわたらせらるれば、養生のため上洛のこひをゆるさる」とあり、三月十八日の条には、「大明院准后公弁法親王上洛辞見のためもうのぼりて御対面あり」とある。さらに三月十九日の条には、「小普請秋山三四郎正億、大明准后の護送命ぜられ、いとま下さる。医員渋江長怡直宥も同じくまかるいとまたまふ」とある。したがって、江戸からこの小普請組の秋山正億と武家方の医師渋江直宥が、宮に同道していたことがわかるのである。

なお、蛇足ながら、当時、将軍家継自身も病臥中であり、やがて宮の後を追うように、同じ四月三十日に薨去している。行年わずかに八歳であった。

ところで、この『徳川実紀』の記事により、前にもふれたように、今回の宮の上洛が病気療養のためであったこと、また、その上洛に先立って、宮自身が登城して、家継と対面していることがわかる。この段階では、翌四月中に相ついで他界した宮と家継双方が、まだともにある程度元気であったことがわかる。

さて、宮に京都まで随行してきた秋山正億《まさやす》はもちろん、医師の渋江直宥《しぶえなおひろ》まで、ただちに江戸に帰したのは、もともと今回の上洛の目的が、昔から宮自身の体の具合を熟知していた京都の医師、原芸庵の治療をうけるためだったからである。だが、残念なことに、その芸庵の治療にもかかわらず、病状はすでに手遅れ状態だったらしく、結果は思わしいものではなかった。

宮は早速芸庵の処方した薬を飲まれたのだが、どうといった効き目もなかったらしい。そのため、誰彼となく召し出すべき医師の選択をしている間に、「御種気《（ママ）》（腫気カ、はれ、むくみ）のかさミ《（嵩ミ）》侍りて、同じき（四月）十七日の卯刻計（午前六時ごろ）御事きれさせ給ひぬ」ということになった。

このことを伝えきいた秀延は、あの品川駅までお見送りしたのが「終《つい》の御別れ」であったとは、といって、あふれでる涙をとどめることができなかった。

秀延は、この記事を「明くれば二十二日」と書きはじめているから、秀延ら上野の関係者が宮の薨去の報らせを知ったのは、四月二十一日ということになる。とすると、十七日の薨去の日を入れても、わずか五日後には第一報が江戸に届いていることになり、これは当時としてはきわめて早い通知であったといえよう。

上野での法要

さて、その二十二日、寛永寺では早速宮の位牌が用意され、追善の法要が執り行われた。ついで二十三日は早くも初七日忌にあたるので、かねがね宮からも目を懸けられていた僧侶らが集まって、「法華《ほっけ》三昧《ざんまい》」（「法華経」の安楽行品読誦を中心とした法要）の法要が執り行われた。また、「此日申刻計（午後四時ごろ）、第四世日光輪王寺宮一品公寛法親王からも、まず初七日の追善法要を勤めるように」との下知があったので、早速逮夜《たいや》のために、一山の衆徒を召集して、「例時光明供」（「阿弥陀経」を読誦し、光明供を修すもの）を修した。

一方、この日城中より、「三日の間、音を止めらるべき命令」（鳴物停止令《なりものちょうじれい》のこと）が出されたので、普段は物騒がしい江戸の町もひっそりとしたという。こうした鳴物停止令は、重立った人物の死にあたって幕府が発令するもので、この布達を受けたときから、それぞれの地で三日間の鳴物を慎んだのである。なお、その停止の期間は該当する人物によってそれぞれ差があった。

さて、二十四日の卯刻計（午前六時ごろ）になって、一山の衆徒が集って、「法華三昧」の法要を修した。ただ、この日は雨がひどく降って、袂もびしょぬれの有様だった。

この日、京都から去る十八日（薨去の翌日）に宮の入棺の儀式が終わったという報らせがもたらされた。これを聞いて、秀延は、せめて遺骸だけでも拝めたら、と思ったが、京都までの距離が縮まるわけもない、と思いなおした。

また、将軍家（家継）からは、日光から帰山の道中にあった公寛法親王に対して、「御旅路の御つかれ」は如何か、とねぎらいの問合わせがあり、たくさんの品物が贈られた。このことは、時の老中から、野沢兵部権少輔（当時の日光奉行支配向の役人）のところへ通達された。

それにしても、秀延は、もう一、二日早く公弁法親王が京都に着いていたら、「もっと治療もできただろうに」と、考えると、いよいよこらえきれない思いであった。

一方、すでに公弁法親王も、坊官の矢田陪《やたべ》長門守好古を使者として、家継の病気を見舞っていた（「御悩ミを訪《おとなわ》せ給ふ」）。だが、折りから大井川の水かさが増し、川止めとなったため、矢田陪は家継の薨去に間に合わなかったのである。

さて、二十五日から二十九日にかけては、今まで通り、初夜と後夜の勤行が勤められた。初夜とは戌刻（午後八時ごろ）、後夜とは寅刻（午前四時ごろ）に行うもので、これに日中を合わせて、一日三回ずつの回向《えこう》が毎日続けられるのであり、これは将軍の薨去の場合と同じ扱いであった。

公寛法親王の帰山

二十九日、日ノ出から輪王寺宮（公寛法親王、東山天皇の第三皇子で、正徳五年〈一七一五〉に公弁法親王の跡を承けて、東叡山の山主についた）が東叡山に帰山した。

宮はただちに公弁法親王の「御霊前（御位牌所）へ参らせ給ひし」が、そのお参りの様子を見て、秀延は涙がとまらなくなり、どうにかして山階へ上《のぼ》って、お墓だけでも拝みたいものだと心から歎いていたところ、その心が天に通じたのか、公寛法親王から召し出され、山内の者たち＝僧俗全員に代わって山階のお墓に参り、香花を手向けてこいとの「御《み》気色《けしき》」（ご意向）を承ったので、ただただ嬉し涙のみでお答えする言葉もなく、御前を退出した。

晦日、この日、二七日忌の追善法要として、「金剛界の曼荼羅供」（両界曼荼羅の内、金剛界曼荼羅を奉安して、声明を唱え、修する法要）を執り行った。導師は伝法院（浅草寺の別当代）僧正公然《こうねん》がつとめ、この日、家継（この日薨去）の名で、老中久世大和守重之が使者として、公弁法親王の霊前に、香奠《こうでん》として白銀五〇〇〇両が供えられた。

ところで、五月一日から六日までの勤行は前の通り、一日三座の法要が行われたが、七日は三七日忌にあたるので、「施餓鬼供」の法要が勤められ、導師には観理院（赤坂山王社別当）権僧正があたった。

秀延は八日山階に向かうので、暇を賜わり、そのときの公寛《こうかん》法親王の労《ねぎら》いの言葉に思わず涙を流した。

秀延山階へ

八日、夜半から雨がひどく降ったが、夜明けとともに出立した。出発に際して秀延は、年老いて腰の曲った両親や妻子の見送りをうけているが、残る家族の心中に思いを馳せながら、こんなことを考えていた。

自分が先々までも元気でと頼みにしていた公弁法親王が、四八歳という年でとうとう薨去してしまった。

宮は、そうなると感じていたのか、輪王寺宮（東叡山主）の職務も早々に公寛法親王に譲った。今から考えれば、やむをえないことだったのだろう。

さて、品川駅（宿）を過ぎるころ、雨が降り出して、この春、宮をここまでお見送りしたことなどが思い出されて、世のはかなさを感じた。

夕方からはよく晴れたので、一首詠んだ。

　まねきてと思ひ入《（ふカ）》日のかけ《（影）》もをし
　　帰らぬ君が行末のそら

この夜は藤沢に泊ったが、家継の薨去（正徳六年四月晦日）があったばかりなのだから、周囲はもっと騒しくてもいいはずなのに、太平の世の印なのだろうか、旅寝の眠りを妨げられることもなかった、と秀延は述懐している。

九日、雨中を箱根路にかかると、雨はやみ、代わって風が吹き出した。かろうじて進み、峠で一泊した。

十日の早朝に食事をとって出発した。また、雨が降り出し、蒲原の茶屋で従者ともども食事をしたが、富士山を見るにつけても、心が曇ってくるので、一首詠んだ。

　ふし《（富士）》の根もし《（知）》らてやいか《（如何）》にう《（浮）》き雲の
　　かかれはかかるわか涙とハ

前の歌同様、決していい歌だとはいいがたいが、何につけても宮に思いを馳せる秀延の心情がうかがえる歌ではある。「うき」は憂きにもかけているのだろう。

さて、薩埵峠《さつたとうげ》を越えるころに、雨が激しくなり、興津《おきつ》川も水嵩が増したので、やむをえず興津に宿をとった。

十一日、晴れ。興津を発って、申刻計（午後四時ごろ）に、大井川を無事渡り終わったときに、雷鳴がひどく、雨もしきりに降ってきた。

ようやく金谷に到着。ここで長門守（秀延の坊官仲間の一人・矢田陪好古）が京都から武府（江戸）へ帰るのに出会った。これはまったく偶然のことだったようだが、不思議にも金谷の宿で同宿することとなったらしい。

だが、旅の疲れのためか、寝ながら別れを告げただけで、積る話もできなかったという。まったく、ただでさえ心の沈む旅なのに、またこんなことが重なって、

うきかねやともに涙の大井川（憂）（共）
　哀《あわれ》をとむる袖のしからみ

と一首詠んだ。「かねや」は金谷にかけているのだろう。

十三日、朝早く金谷を発つ。小夜《さよ》の中山を越えるにあたって一首、

松か枝に朝日のかけはさしなから
　涙にくれぬ小夜の中山

今日は一日中晴れ。陽の高いうちに浜松に着いて、一泊。

ここまで随分遠くまで来たけれど、まだ行先も遥かだと思うと、心が落ち着くこともない。

これ以後数日はあまり変わったこともなかったのか、秀延の筆は十六日にとんでいる。

山階到着

都に着いたら宮を思う気持はますます悲しさを増すのだろうと思いつつ、とうとう十六日の未刻計（午後二時ごろ）に山階（毘沙門堂）に着いた。

その折、勢（瀬）田の長橋（唐橋）を渡るにあたって、一首詠んだ。

幾千代と祈りしものを君ま（在）さて
われのミ渡る勢多の長橋

今日十七日は月忌（初月忌）なので、山門（比叡山延暦寺）の僧徒が来て、「法花（華）読誦」が行われた。

宮の位牌の安置されている御所（毘沙門堂内の御殿）に赴くと、そこには人びとが集まってくるだけであった。

その人びとに何かをいうこともできず、秀延はただひたすら泣いているだけだった。

そこで、まず霊牌（位牌）を拝ませていただいた。

聞くと、葬儀は去る三日（五月）に行われたとのこと。その当日は霊空《れいくう》（光謙）和尚が棺の前に進み出て後記のような一文を唱え、声を上げて泣いたという。

この霊空和尚は天台宗の碩学《せきがく》で、特に安楽律についての指導者であり、公弁法親王とは昵懇の間柄でもあり、宮はこの霊空の活動に多大の援助を与えていた。

人間功業早円成　浄刹真遊忽啓レ行

偏恨老身違レ素願　不下陪レ聖衆立レ相迎上　（原文のママ）

それから、秀延は廟（墓）に参拝し、宮の在世のときと同様にいろいろと申し上げたのだが、自分自身でも何か気が狂っているのではないかとさえ思えた。

宮は去年（正徳五年）の秋に京都（山階）に上ったときに（かねて覚悟をきめていたのであろう）、寿蔵（生前に造った墓のこと）を建てていた。

前に鳥居をたて、円（丸）い直径一尺にも余る大石を据え、そこに「大明大王塔とゑり、また、そのかたへ（片方＝片側）に、御自ら作らせ給ふ御碑文」を彫らせておられた。その碑文とはこうである。

大王ヵ名公弁、字脩礼、号玄堂、当門第三世、後住東叡輪王寺、叙一品、再補天台座主、准三宮崇班、封三千戸、退隠当山、奏太上法皇、号大明院。

少し解説しておくと、大王は名を公弁、字《あざな》を脩礼、玄堂と号した。この毘沙門堂門跡の第三世の門主である。ちなみに初世は天海大僧正（慈眼《じげん》大師）、二世は公海大僧正である。

宮は後に東叡山に輪王寺宮として住せられ、一品《いっぽん》に叙せられ、合わせて二回も天台座主《てんだいざす》に上任され、准三宮《じゅんさんぐう》（太皇太后、皇太后、皇后に次ぐ資格）という崇班《すうはん》（崇位、尊い位）についた。このため三〇〇〇戸に及ぶ封戸《ふこ》（親王などが位官や勲功につけて賜る戸口のこと）を賜わった。

その後当山（毘沙門堂）に退隠され、太上天皇（霊元法皇）から「大明院」の号を賜わった。

秀延はこれを見て、東叡山にいたころ、自分に命じたことで果たせなかったもの、果たせたものなどを思い浮べ、いずれにつけても涙の種だとして、こう書きしるしている。

無限悲心何日伸　　不堪血涙満衣巾
令名須是垂竹帛　　愁絶人間夢裏春

かぎりない悲しみにとざされた心は、いつの日になったらのびやかになるのだろうか。

今は血涙が出るのを堪えることができず、その涙が衣巾（衣服）を満（ぬらし）してしまう。

宮の令名はすべて竹帛《ちくはく》（記録─歴史）に残されるだろう。

今のこの愁いが人びとの間から消えたらなあと、夢のうちに来る春を待っているのだ。

だいたいこんな意味であろうか。

十八日から二十日にかけて、前のように勤行が勤められた。

明日は五七日の逮夜なので、山門の僧徒二〇人を呼んで「論義」（教義について問答すること）が行われた。

二十一日、正覚院大僧正を導師に「曼荼羅供」の法会が執り行われた。法要が終わると、まず公寛法親王の名代として、凌雲院大僧正（名代が勤められる唯一の人物）が代拝し、納経した（供養のために写経した経典を奉納すること）。

ついで、東叡山、日光山、その他諸山、諸寺の僧徒があいついで納経した。

秀延はこの様子を喜びつつ、宮の在世のときの心を偲び、そんな宮だったから、堂上《どうじょう》（四位以上の人、殿上人）から武家に至るまで、毎日毎日、霊前に奉納される品々は、置く場所もないほど夥しいのだと述べている。

さて、こもり（籠り）の僧十余口《く》（四十九日までの中陰中は、常時交替で僧侶が霊前に詰めていた）が、毎日初夜、後夜、日中の一日三回の法要を勤めていた（口は人数のこと）。

その他、七日七日（初七日忌～四十九日忌）の法会には、山門（比叡山）の僧侶が代わる代わる来て、法要を勤めた。

秀延江戸へ

そうするうちに日もたって、二十四日になった。秀延もいつまでも泣いていても果てしがないので、この日まだ暗いうちに山階を出発した。

その際、秀延は一首残しているが、さほどいい歌でもなく、また本稿とのかかわりも薄いので、ここでは省略することにする（以下同様）。

秀延は、もともと自分が住んでいる土地である江戸に向かうのだから、本来は勇んで帰途につくべきなのに、この遷り変わる世のはかなさを一体誰に話したらよいのか、と歎き、今は連れになる友もなく、この逢坂山《おうさかやま》にいるのだといって、ここでもまた一首を詠んでいる。

この日は日和《ひより》もよいので、矢橋《やばせ》（近江八景の一つ、矢橋の帰帆の地）に出て、舟に乗り、（奈良時代の万葉歌人である）満誓《まんぜい》上人を偲んで、ここでも一首詠んでいる。ただ、秀延は書き連ねる憂いの言葉とは違って、どうやらかなり遊山気分で帰りの道中を楽しんでいるように思われる。

この日は水口《みなくち》に泊り、翌二十五日、夜明け前に発ち、暮れるころに四日市に到着し、泊った。そこから早暁に舟に乗り、日の出るころに熱田に着いた。ここでも熱田の地名を使って、「名にしあう暑さも堪難く」（負）などと洒落ているから、秀延もかなり余裕が出てきたのであろう。

ここから鳴海潟を通るときにも、また一首残している。

二十八日、早朝赤坂を発って浜松に泊った。

二十九日、浜松を発って、小夜の中山を越え、ここでもまた一首。ついで、きく川（菊川、金谷と日坂の中間）でも一首詠んでいる。

大井川は水嵩が増していたが、苦労して渡り、島田に一泊。明日は江尻で一泊と決め、宇都山でまた一首詠む。

六月一日、「殊更暑さも堪えかたし」とあり、去年の末から疫癘《えきれい》（流行病、疫病）が流行《はや》って、宿場ごとに一〇〇人、一〇〇〇人と人びとが死に、旅人も多く病にかかったと聞いて、ここは通過し、蒲原で餉《げ》（食事）をするころに、雷雨が激しくなった。このため、暑さを忘れて活き返った心地がしたが、残念ながら今日も富士山を見ることはできなかった。

ここでまた一首詠んでいる。

三島の宿に一泊。夜明け前から箱根路にかかる。わりない（理屈では割り切れないような）ほどの大雨が降り、供の者もひどく疲れた。ようやく小田原に着いて泊る。

三日、小田原から大磯にかかるときにもまた一首。さらに有名な鴫立沢《しぎたつさわ》でまた一首詠む。

これらはどれも公弁法親王とはまったく関係のない歌ばかりである。この日は神奈川で泊る。

四日、午刻計《うまのこくばかり》（正午ごろ）に東叡山に帰着。ただちに公寛法親王の御前に召され、忝《かたじ》けないお言葉をいただいて、涙ながらに退出した。

四十九日の法要

翌五日には、七七日忌の逮夜として、「布薩戒《ふさつかい》」を修した。布薩戒とは僧（俗）が集って、戒に従って自己反省につとめる儀式である。

六日、「合曼荼羅供」（胎蔵界、金剛界の両方の曼荼羅を懸けて勤める法要）が執り行われた。導師は僧正公然《こうねん》で、公然は公寛法親王の諷誦文《ふじゆもん》を代わって奏上した。

やや難解な文章なので、少し趣旨を説明すると、こんなことになる。

私共の師である大明院一品大王は、皇室の御出身であられるのに、仏門に入られ、天台の法門を体得され、その学識は他に越えていた。このため朝廷（天皇）も格別の目を懸けられ、同時に帰依《きえ》もされた。

宮は私物は皆人びとに施して、手元に遺されなかったようなお方だったが、爵位だけは頂点にまでのぼられた。

東叡山においては（綱吉公の協力を得て）、素晴しい大伽藍を建立され、天台宗の光を輝かされた。

また、東叡・比叡・日光の三山を管領《かんりょう》されるとともに、宗内各寺院のために尽力されたことは、言葉ではいいつくし難いものがある。このように、次々と業績をのこされた上、公寛法親王を後継の宮と定められ、昨年の夏には湯島の別荘に退隠された。今春、山階の旧院（昔においでになっていた毘沙門堂）に帰られて、ゆっくりとされたいとの御意向で京都に上られたが、豈《あ》に計らんや、そこでご入滅（薨去）されてしまわれた。

まさに沙羅《しゃら》双樹《そうじゅ》の木立も悲しみの声をあげるように、断腸の思いである（この辺りは釈迦の涅槃《ねはん》＝死の状況によっている）。

今日の七七日忌には三六人の僧侶が集って法要の席を設け、曼荼羅供の供養会を営むことにした。

もし、この法会に功徳があるならば、その功徳を尊霊（公弁法親王）に捧げ、尊霊が弥陀浄土の上品蓮台の座に坐すことを心から願い、尊霊が其処からただちに毘盧の覚王（毘盧遮那仏《びるしゃなぶつ》）となって、今度はそのお姿を現して、我々に説法して戴くことを願うのみである。

正徳六年六月六日

東叡山第六世　公寛親王　敬白

第六世は、東叡山主の世代のことで、天海、公海を入れての代数である。したがって、輪王寺宮としては、守澄、天真、公弁に次いで、第四世となる。あえて第六世としたのは、公弁法親王が毘沙門堂門跡門主の公海の直弟子であったことを意識してのことと考えられる。なお、「敬白」とは敬って申し述べることである。

この諷誦文を奏上する導師の公然も、悲痛に堪え難かったのか、しばしば途中で言葉がとぎれ、満座の僧や伺候していた人びとも、皆な袂を絞らない者はなかったと秀延は述懐している。

こうして漸く法会が終わると、この山（東叡山）にも、毘沙門堂のように、宝塔（廟）が完成（今の輪王寺宮歴代墓）したので、この日、開眼《かいげん》（魂を入れること）の法要が執り行われた。

公弁法親王が、もしもっと長命であったら、世の中のためにも、もっと色々なことをしただろうにと、思っているのだが、今そのことをくどくいいつのっても仕方がないのだろう、と秀延は感じていた。

また、この間に秀延自身が聞いたことによれば、当山では、四七日忌には「法華経頓写」（一斉《いっせい》に早く写経すること）があって、永原検校《けんぎょう》が「平家」（琵琶で）を吟じた。

この日の導師は霊山院《りょうせんいん》大僧都恵寂であったが、宮の在世中の様子を表白のなかで述べたので、参列の人びとの涙を誘ったという。

五七日忌は、逮夜と当日にかけて、「法華八講」が行われた。

この「法華頓写」「法華八講」などは、五代将軍綱吉公の場合とまったく同じ扱いである。

この日、秀延と同じ坊官の吉川養盛が、御追善のためにと一首奉った。

よる（夜）昼とわか（別）ぬ涙の露の間に
三十余り（三十余日も）のいつかへ（経）にけむ

夜も昼も泣きぬれている間にいつか五七日（三十五日）忌にもなってしまった、というわけである。

六七日忌の逮夜に論義が行われた。論題は、「西方の阿弥陀仏《ほと》け法応何れなりや」というものであった。西方浄土の教主である阿弥陀如来は法身仏《ほっしんぶつ》なのか、応身仏《おうじんぶつ》なのか、という題で問答したわけである。

大乗仏教では、絶対的な真理そのものの姿を法身といい、時に応じてさまざまな姿をもって現われる場合を応身という。阿弥陀如来は一体そのどちらなのか、ということについて問答したのである。

この問答を聞いて、秀延は一首詠んだ。

四十余《よそ》り八《やつ》の誓の数をたに《(だ)》
　君が齢《よわい》とおもふかなしさ

阿弥陀如来の四十八の誓願の数が、なんと宮の亡くなった時の年齢だったとは、そう思うと何とも悲しいことだというのである。

この日、宮の追善供養のためとして、連歌を巻いた。その前書きはこうである。

連歌を巻く

大明院准后一品（公弁）法親王は、正徳六年のやよひ《(弥生)》の下の四日（三月二十四日）に山階へ赴かれ、卯月五日には毘沙門堂のお寺に入られた。

この書出しによって、先にもふれた通り、江戸（上野）を発ったのが三月二十四日であり、山階に着いたのが、四月五日であったことが確認できるのである。繰り返すが、この足かけ一二日間という行程は、当時の一般的な旅程からすれば、少なくとも二、三日は早いことになる。

さて、宮は山階には着いたものの、かねてからの病気もあって、この月の十七日には薨去した。

一〇〇〇年でも生きていてほしいと神仏に祈っていたし、特にこのたびの違例（病気のこと）については、あらゆる仏天に願を懸けたりしたのに、その甲斐もなく、俄に薨去したので、誰もがみな「あへなく」（気力を失って）、ただただ驚きかつ歎いている様は、なんともいいようがない。

さて、宮が東叡山におられた間にまことに不思議な御縁（綱吉公と宮との縁のこと）で、かねてからの念願であった根本中堂をはじめとした主要堂塔伽藍が建立され、数多《あまた》のお経類も書写整備された。

また、比叡山の飯室《いむろ》の安楽律院《あんらくりついん》を定めて、僧をおかせるなど、東叡・比叡・日光の三山に安楽律の寺院（日光山興雲律院、東叡山浄名律院）をおいて、その普及に尽力された（実はこれは安楽律を唱えた霊空光謙と宮との親交によるものである）。

さらに、生母縁《ゆか》りの浄土宗の知恩寺（百万遍、京都）など、他宗にも心をかけられ、人びとに恵みを与えられた。その徳行はあまねく人びとの知るところである。

これはまさに（「心地観経」にある）文句の通りである。

欲知過去因、見其現在果

（過去の因縁を知ろうと欲するならば、現在の果報を見よ）

宮はこのように、自ら施された善根の結果によって、すみやかに安養の浄土に到り、上品の蓮台＝極楽浄土の最も優れた七宝池中の大蓮台に住まうことは疑いがない。

去年の秋には、山階に自らの墓所も造り、万一遷化したときはここに埋葬せよといっていた。

今、薨去にあたって考えてみれば、宮はすでに「十界一如《じっかいいちにょ》」の悟りを得ていたので、自らの生や死をも自在に考えていたのだろう。

ここにいう「十界一如」とは、地獄・餓鬼・畜生・修羅《しゅら》・人間・天人・声聞《しょうもん》・縁覚《えんがく》・菩薩・仏の一〇の世界が、それぞれのなかに、地獄から仏までの世界を持っている――十《じっ》界互具《かいごぐ》という――という思想である。したがって、十界は一如であるともいえるのである。

こうして今や本来あるべき世界（極楽浄土）にお帰りになったのだから、もう一度お目に懸りたいなどと願ってはならないはずなのだ。だが、はかなさを歎いているわれわれの心中においては、いつの世でも、どんなときでも、宮を忘れることなどできないのだ。

だからせめてもと、百韻《ひゃくいん》の連歌を編んで追善の気持を表わし、その初折（一巻を四ッ折八面に仕立て、それぞれ表に八句、裏に一四句を記したもののうち、最初の一折のこと）に「南無阿弥陀ふ（仏）」の文字を各句の上に置いて書き連ねてみた。

もともと愚かな上に、このころは句を考えるにあたっても、宮の在世の面影ばかりが思い出されて、悲しみが胸中にあふれて、目は涙でかすみ、書きつけるにも、筆のおろし処もわからぬ状態なのだ。

どうやって静かに吟じようか、宗匠の添削をうけようかなどと考えたが、周囲の人びと

も「ほれほれしき」（ぼんやりとして気の抜けた状態）今の状態だから、人に話すのものもの
うく、ただ考えのままに、志だけを手向けたいと、これを霊前に捧げるのだ。
（十悪の一つである）綺語《きご》（真実と違って飾り立てた言葉）の誤りもあるだろうが、それは
それとして、ただただ宮の菩提のためになればと、三世（過去、現在、未来）の御仏《みほとけ》に申
し上げるのである。

六字名号を詠み込む

なけ《歎》け世は卯月のかけ《げ》の雲隠《くもかくれ》
むかし《昔》を忍ふ《ぶ》やま《山》ほとゝき《ぎ》す
あち《ぢ》きなし花　橘《はなたちばな》の香《か》は消て
みきり《時節》の草そ《ぞ》あめ《雨》にしほ《萎》るる
たた《だ》し《暫》はし休《やすら》ふ旅の中やと《宿》り
ふくと吹くなりせきのあさ《朝》風

まったくかぎりない歎きを込めて詠むということは、大変悲しいことだ。筆の行方《ゆくえ》さえ
わきまえぬままに、表（の初の）六句だけを此処《ここ》に写し留めておくことにする。
この他に、唐（漢詩か）や大和《やまと》（和歌か）の類も多くあるのだが、ここでは割愛するこ
とにしたい。
我もまたこと《言》のは《葉》くさ《草》の手向山

明ぬ暮ぬと涙なからに（秀延）

秀延の坊官仲間の法印養盛が、この百韻の巻を開いて見、さらに右の秀延の一首を読んで、「全く老の涙はとどめ難い」といって、つぎのような一首を詠んだ。

誠あることは《言葉》の花の手む《向》けこそ
仏の国に雨とふ《降》るらめ
一とせ《歳》もまた過き《ぎ》やらて《で》ことのは《言葉》の
むかし《昔》語りと成そ《ぞ》悲しき

秀延はこう書きつけて、この長い『手むけ山』（題名は秀延の一首によっている）の筆をおいている。

明治政府にとっての上野——エピローグ

明治政府の基本方針は、江戸の否定と欧化政策にあった。

この方針にそって明治維新後の上野の山のあり方を説明すれば、それはまさに江戸という封建制の下で虐《しいた》げられていた時代を否定し、代わって訪れた明治という素晴らしい近代国家をアピールするための象徴とでもいうべき場所なのである。

しかし、これはあくまでも明治政府のいう理屈であって、冷静に考えれば、決して妥当な言い分ではない。

江戸の否定

大体、江戸という時代は、教育・人口・都市機能の整備などあらゆる面から見ても、決して遅れた時代だったわけではない。当時、世界一の大都市は江戸であったと考えられているし、識字率の高さやその背景となる教育制度の充実、上下水道の整備など、欧米を凌ぐものが多々あったのである。

話がくどくなるので、このことはこのくらいにしておくが、そうした現実があるにもかかわらず、明治政府はあえてまず江戸時代は封建制度によって、庶民が虐げられていた暗い時代であったということを強調したのである。そこには、なによりも前代を否定することから出発しなければならなかった、新政府のやむをえない事情があったというべきである。

今日では、明治時代の方がより統制が厳しかったという説さえあるくらいである。

江戸という古く、暗い時代から、欧米に比肩しうる近代国家への脱皮をなしとげ、庶民にとっても自由で快適な生活が営めるような社会を造る——そのために努力を重ねているのだ、というのが明治政府の宣伝文句であった。そして、その宣伝の媒体《ばいたい》として、最もふさわしい場所として選ばれたのが、上野の山＝旧寛永寺境内ということなのである。

周知のように、寛永寺は芝の増上寺と並んで徳川将軍家の菩提寺であり、江戸で最もよく知られた大寺院であった。

しかも寛永寺は将軍家の菩提寺であるばかりではなく、主たる祈願寺（祈禱寺）としての役割も兼ねていたのである。

その上、東叡山（寛永寺）の山主は、開山の天海《てんかい》（慈眼《じげん》大師）、第二代の公海《こうかい》（久遠寿院《くおんじゅいん》准后《じゅごう》）両大僧正の跡を後水尾天皇の第三皇子である守澄《しゅちょう》（初名尊敬）法親王が継承し、輪《りん》王寺宮《のうじのみや》の称号もうけたことに始まり、二代の天真《てんしん》（初名守全、後西天皇第五皇子）、三代の公弁《こうべん》（後西天皇第六皇子）、四代の公寛《こうかん》（東山天皇第三皇子）の各法親王といった具合に、代々皇子か猶子《ゆうじ》（宮家の出で、天皇の養子になった者）が受け継ぎ、幕末の一五代公現《こうげん》法親王（仁孝天皇の猶子、後の北白川宮能久《よしひさ》親王）に至るまで、「一品《いっぽん》」という他の門跡寺院にはない高い格式をもつ山主によって継承されたのである。

これらの歴代の宮は、まさにわが国の宗教界の頂点に立つ存在だったわけである。たとえば、その格式は、法要儀式にかかわるときは将軍と同格とされ、江戸城中では上段の間で将軍と対座の待遇を受けたのである。また、それ以外のときは、尾張・紀伊・水戸の徳川御三家と同格とされていたのである。

この一品法親王（輪王寺宮）のもつ際立った権威や格式と、徳川家の回向《えこう》と祈禱の双方の法儀を担当するという寛永寺（上野）の別格の存在感に新政府は眼を着けたわけである。

すなわち、このような由緒のある上野の地を新政府の近代化（欧化）政策を象徴する場所として、いいかえれば、すべてを欧米にならって近代化していこうという、いわゆる欧化政策の拠点として活用すれば、少なくとも庶民に対して、封建国家江戸から近代国家明治への転換を印象づけるには最も効果的だと考えたのである。

繰り返していえば、徳川幕府の宗教的象徴であった上野を、新政府が欧化政策のシンボルとしてつくり替えていくことがきわめて有効な手段だったというわけである。

では、明治政府は具体的には一体どんな方法でこの目的を達成しようと考えたのであろうか。

最初の発想

上野の山とその周辺地のすべてを寛永寺から没収した新政府が最初に考えたこの地の利用方法は、ここに病院を造ることであった。それは西欧の近代医学を導入した病院を造るという案で、欧米に対し、日本の近代化を示すにはきわめて有効な方法だと考えたのである。

しかしこの案は、たまたま幕末から来日していたオランダの軍医ボードウィンの提言が切っ掛けとなって、紆余曲折《うよきょくせつ》の上、結局は中止されてしまったのである。

一方、それとは別に、当時の各省間での上野の山の分取り合戦は熾烈《しれつ》をきわめていた。この争奪戦を細かく見ていくと、まさに百鬼夜行とでもいうべきどろどろしたものを感じるが、今ここではその概略にふれるだけにとどめておこう。

まず、ボードウィンの提言のあった明治三年（一八七〇）には、早くも民部省が営繕用の用材を得るために、山内全域の目通り三尺以上の樹木の伐採を申し出ている。しかし、さすがにこれには、当時政府から上野の山の管理を一任されていた東京府（大久保一翁知事）がただちに拒否の回答をしている。

他にも不忍池の開発なども上提されてくるのだが、府は毅然としてこれらを拒否している。

さらにその後、兵部省（陸軍省）が、今の中央噴水の地（旧寛永寺根本中堂跡）を中心に使用権を得、そこに兵士（軍人）用の墓地と病院（後の陸軍病院）を建設したいと申請してきた。

また、文部省は今の東京国立博物館の地（旧寛永寺本坊跡）を中心に、医学校（後の東大医学部）と病院を建てる案を提出してきたのである。

この両件は東京府の抵抗にあって裁可がおりず、検討中との取扱いとなっていた。

そんな折柄、明治六年（一八七三）の正月十五日付で、太政官（正院）から公園設置に関する布達が出されたのである。

結論だけをいえば、東京府はこれに応じて、その年のうちに、芝・上野・飛鳥山・浅草・富岡八幡社の五ヵ所を府内における公園予定地として申請し、明治政府もこれに同意したのである。

この間の細かい経緯《いきさつ》は別の機会に譲るとして、新政府は一刻も早く、日本は欧米並に公園（実は幕末まではほとんどの人びとが公園などという概念をもっていなかったのだが）を整備したのだという旗印が欲しかったのである。

なお、この五公園のすべてが、いずれも幕府ときわめて深いかかわりをもった場所であることは注意しなければならないことである。この辺りにも、新政府の意を体した、東京府の公園選定の方向がうかがえるのである。

大久保の登場

さて、そうするうちに、新政府内での人事移動があり、かの大久保利通《おおくぼとしみち》が内務卿に就任した。彼は博物館や博覧会の所管を内務省内の博物局もちと定めるとともに、東京府の上申を入れて、陸軍省や文部省など、上野に既得権をもっていた各省に立退きを迫ったのである。

これに対し、陸軍省はただちに返還に応じたが、文部省は激しく抵抗したため、代地として今の東京芸術大学の地を与えるということで決着したのである。

こうして東京府の懸案であった各省の立退きに成功すると、府は内務省（大久保利通）や大蔵省（松方正義《まつかたまさよし》）らと諮《はか》りながら、上野を日本初の公園とすべく、開園に向かって着々と環境整備を進めたのである。当初、太政官はあくまでも西欧式の公園（基本的にいって、人工的に造園されたもの）を目指していたが、やがて資金的にいっても、それがまったく不可能であることを悟り、結局はほぼ当時の現状のままで開園することになった。

こうして紆余曲折の末、明治九年五月九日（最初は七日の予定だった）、天皇・皇后両陛

図14　楊洲周延　上野公園開花ノ図（精養軒）

下を迎えて、ようやく開園式となったのである。

この日は、英・米・独（普）・仏・露らの各国公使を招いて式典が行われた。だが、その式典の控所（結局両大師堂をはじめ寛永寺の焼け残った子院を使った）やレセプション会場に困った政府は、当時すでに西洋料理店を営んでいた「精養軒」に眼を着けたのである。そこで大久保は早速、かねて精養軒とのルートをもっていた岩倉具《いわくらとも》視《み》を介して、上野への出店を依頼したのである。

こうして上野に招かれた精養軒は、上野公園開園直前の明治九年の四月に無事開店する。そしてこれ以降、明治十年、十四年、二十三年の各内国勧業博覧会（第一回〜第三回）をはじめ、政府が国を挙げて行う主たる行事の多くはこの上野で催され、そのつど精養軒がそのレセプションの会場とされたのである。

いわば新政府は、この上野の地を、公園や内国勧業博覧会のような、欧米にならった国家的施設や行事の会場として活用することによって、欧米への「近代国家日本」をアピールする場として、また国民に対しても、新政府の新しさを印象づける最も効果的な場所として位置づけたのである。

ちなみに、前記のような精養軒の使い方は（たとえば音楽会や舞踏会も含めて）、明治十六年のあの鹿鳴館の竣工までが主で、それ以後は主として上野で行われた行事にともなうものが中心となってくるのである。

こうして江戸期最高の宗教的聖地上野＝寛永寺は、欧米にならった近代国家化を推進する明治新政府の、海外向けの宣伝と、国内向けの意識改革の場として、十二分に使われたのである。

博物館と動物園

ついでながら、新政府が一定の目的をもって、この上野を利用した例をもう一つ挙げておこう。それは明治十二年の、前米国大統領グラント将軍夫妻の来日に際しての「歓迎祝賀会」である（絵にも沢山残っている）。

このとき、あくまでも表向きには、渋沢栄一らを代表とする東京市民の主催による祝賀会というかたちをとってはいるのだが、現実には天皇陛下を迎えた行事で、その規模や警備の様子、招待者などを見れば、これが明治政府の意志にもとづいて行われたことは疑う

図15　古林栄成　上野公園地ニ於テ米国前ノ大統領グラント氏鎗術遊覧図

余地がない。そしてこのときも、グラント夫妻の休憩所と式後のレセプションは精養軒だったのである。

ところで、この上野を使って、新政府の欧化政策を如何にアピールするかについて、大久保が推進したもう一つの方法は、博物館や動物園の誘置であった。

当時、博物館や動物園は、文部省ではなく、大久保（内務卿）を長とする内務省博物局の所管であった。そのため、ここに町田久成《まちだひさなり》や田中芳男《たなかよしお》（二人とも後の博物館長）といった優秀な人材が集まっていたのである。

一方、このころまでには、すでに水戸の徳川昭武（慶喜の弟）や渋沢栄一《しぶさわえいいち》、岡田摂蔵《おかだしょうぞう》などが、英・仏などの博物館や美術館、動物園、植物園等を視察して帰国していた。

このため、欧化政策の一環として、こうした施設を採用しようということになり、特にロンドンの水晶宮を手本に、博物館、動物園、植物園など一連の施設を一ヵ所に集中させる形をとることになった。

明治十年からつぎつぎと催された内国勧業博覧会をはじめとする諸行事も、水晶宮をはじめとする欧州での見聞が生かされていると考えてよいだろう。

明治十五年に今の東京国立博物館や動物園が同時に開設された（植物園はできなかった）ことは、こうした考えによるのである。

活用策の終焉

ところでこうした政府主導による上野の活用策は、明治二十三年の第三回内国勧業博覧会をもって、一応区切りをつけることになる。もちろんそれ以後も各種の博覧会や美術展などの会場として使われてはいるが、国家的行事の第四回の内国勧業博覧会が開催地を関西に移すなど、上野はしだいにその数を減らしていくのである。

実は、この前年の明治二十二年は、憲法発布の年であり、この明治二十三年は国会開設の年でもあった。いわばこれを機に、明治政府はようやく安定期に入ったのである。

このことは、維新後、一時四二万人にまで減少した東京の人口が、このころまでに幕末の江戸の人口一三〇万人にまで回復していることによっても裏づけられる。また、こうした時代の流れについては小木新造氏の著書『東京《トウケイ》時代』によっても学問的に証明されていることなのである。

ようするに、筆者がいいたいのは、この時点に至るまでの新政府は、江戸を払拭し、何とか欧米に肩を並べる近代国家に脱皮しようと、懸命になっていたのであり、そのことを対外的にも対内的にも強烈にアピールするためのシンボルとしてこの上野（寛永寺）の地を使ったということなのである。いわば、この上野はわが国の近代化への拠点だったということなのである。

あとがき

本書の執筆には予想外の日時を費してしまった。まず、このことを吉川弘文館、特に大岩由明編集長にお詫びしなければならない。

一時、執筆を中断していたときに、横浜市の金蔵寺（故内田大寛師）の史料が横浜歴史博物館に寄託され、その解読作業が行われていることを知った。「玉川子園田君遺稿」である。さっそく、内田師や井上攻、堀田明照、松居和男各氏の了解を得て、この貴重な史料を使わせていただくことにした。各位にも厚く御礼申し上げたい。

また、この間、西山松之助博士をはじめ、江戸町人研究会の先生方にもいろいろとご助言をいただいた。感謝申し上げる次第である。

当然といえばそれまでだが、江戸の当時は将軍の葬儀などを記録することはしてはならないことであった。これは輪王寺宮についても同様である。そんなわけで、現在にいたるまで、将軍や輪王寺宮の葬送儀礼についてはほとんど明らかにされていない。その意味で本書がきっかけとなって関係者のご子孫の間に埋もれていた新たな資料が発見されれば、より一層その実態が明らかになるのではないかと思っている。

平成十九年八月

浦井正明

著者紹介

一九三七年、東京都に生まれる
一九六一年、慶應義塾大学文学部史学科卒業
現在、寛永寺長臈

主要著書
もうひとつの徳川物語　「上野」時空遊行　天海・崇伝(日本の名僧15、共著)

歴史文化ライブラリー
243

上野寛永寺　将軍家の葬儀

二〇〇七年(平成十九)十一月一日　第一刷発行
二〇一六年(平成二十八)十月十日　第二刷発行

著　者　浦《うら》井《い》正《しょう》明《みょう》

発行者　吉川道郎

発行所　株式会社　吉川弘文館
東京都文京区本郷七丁目二番八号
郵便番号一一三—〇〇三三
電話〇三—三八一三—九一五一〈代表〉
振替口座〇〇一〇〇—五—二四四
http://www.yoshikawa-k.co.jp/

印刷=株式会社 平文社
製本=ナショナル製本協同組合
装幀=マルプデザイン

ISBN978-4-642-05643-4

歴史文化ライブラリー

1996.10

刊行のことば

現今の日本および国際社会は、さまざまな面で大変動の時代を迎えておりますが、近づきつつある二十一世紀は人類史の到達点として、物質的な繁栄のみならず文化や自然・社会環境を謳歌できる平和な社会でなければなりません。しかしながら高度成長・技術革新にともなう急激な変貌は「自己本位な刹那主義」の風潮を生みだし、先人が築いてきた歴史や文化に学ぶ余裕もなく、いまだ明るい人類の将来が展望できていないようにも見えます。このような状況を踏まえ、よりよい二十一世紀社会を築くために、人類誕生から現在に至る「人類の遺産・教訓」としてのあらゆる分野の歴史と文化を「歴史文化ライブラリー」として刊行することといたしました。

小社は、安政四年（一八五七）の創業以来、一貫して歴史学を中心とした専門出版社として書籍を刊行しつづけてまいりました。その経験を生かし、学問成果にもとづいた本叢書を刊行し社会的要請に応えて行きたいと考えております。

現代は、マスメディアが発達した高度情報化社会といわれますが、私どもはあくまでも活字を主体とした出版こそ、ものの本質を考える基礎と信じ、本叢書をとおして社会に訴えてまいりたいと思います。これから生まれでる一冊一冊が、それぞれの読者を知的冒険の旅へと誘い、希望に満ちた人類の未来を構築する糧となれば幸いです。

吉川弘文館